北京大學《儒藏》編纂與研究中心　編

《儒藏》精華編選刊

李文公集

〔唐〕李翺　撰
郝潤華　校點

北京大學出版社
PEKING UNIVERSITY PRESS

圖書在版編目(CIP)數據

李文公集/（唐）李翺撰；北京大學《儒藏》編纂與研究中心編. —北京：北京大學出版社，2024.5
（《儒藏》精華編選刊）
ISBN 978-7-301-34976-2

Ⅰ. ①李… Ⅱ. ①李…②北… Ⅲ. ①儒學－文集 Ⅳ. ①B222.05-53

中國國家版本館CIP數據核字（2024）第072261號

書　　名	李文公集 LIWEN GONGJI
著作責任者	〔唐〕李翺 撰 郝潤華 校點 北京大學《儒藏》編纂與研究中心 編
策劃統籌	馬辛民
責任編輯	吴冰妮
標準書號	ISBN 978-7-301-34976-2
出版發行	北京大學出版社
地　　址	北京市海淀區成府路205號 100871
網　　址	http://www.pup.cn 新浪微博：@北京大學出版社
電子郵箱	編輯部 dj@pup.cn 總編室 zpup@pup.cn
電　　話	郵購部 010-62752015 發行部 010-62750672 編輯部 010-62756449
印 刷 者	三河市北燕印裝有限公司
經 銷 者	新華書店 650毫米×980毫米 16開本 10.75印張 103千字 2024年5月第1版 2024年5月第1次印刷
定　　價	40.00元

目録

校點說明

李翺（七七四—八三七），字習之，祖籍隴西成紀（今甘肅秦安），家陳留（今河南開封）。唐德宗貞元九年（七九三），「就州府之貢舉人事」（《感知己賦》）。十四年，登進士第，初任校書郎，後三遷至京兆府司録參軍。憲宗元和二年（八〇七），轉國子博士、史館修撰，後遷考功員外郎。四年，赴嶺南節度使楊於陵幕任掌書記。六年，出任浙東觀察判官。十五年，授考功員外郎，並兼史館修撰。不久受李景儉牽連，貶爲朗州刺史，後又辟爲禮部郎中。李翺「性峭鯁，論議無所屈」（《新唐書》本傳），因得罪宰相李逢吉，貶爲廬州刺史。時逢廬州大旱，翺令「以田占租」，收豪族税萬二千緡，貧弱賴以安生。故入爲諫議大夫、知制誥，改中書舍人。文宗大和三年（八二九），坐柏耆罪又被貶爲鄭州刺史，移桂州刺史、湖南觀察使。八年，徵爲刑部侍郎，轉户部侍郎，檢校户部尚書、襄州刺史，充山南東道節度使。開成二年（八三七）卒於襄州，享年六十四歲，謚曰「文」。兩《唐書》有傳。除文集外，與韓愈合著《論語筆解》二卷。

李翺自幼「勤於儒學，博雅好古，爲文尚氣質」（《舊唐書》本傳），早年師從古文家梁肅，後從韓愈遊，關係在亦師亦友之間。主要成就表現在哲學、文學兩方面。

李翺的哲學思想建立在他反佛崇儒思想之上，代表作爲《復性書》三篇。韓愈作爲唐代排佛的代表人物，其名文《論佛骨表》即其力排佛學的政治宣言，着重闡述佛教的政治危害。而李翺是爲崇儒而反佛，他一面反佛，一面又吸收佛學的見解，頗有其獨特性，這主要表現在三個方面。首先，韓愈主張性、情二元論，而李翺則發展爲性善情惡論。其次，李翺認爲聖人是「人之先覺者」、「未嘗有情」，故不需要復性；而一般人則先要「正思」，「知本無有思」而致「至誠」，然後「邪思自息，惟性明照」，即爲「復性」。再次，李翺釋「格物致知」爲「物者，萬物也。格者，來也，至也。物至之時，其心昭昭然明辨焉，而不應於物者，是致知也，是知之至也」。其「滅情復性」、「格物致知」的觀點已吸收了佛教禪宗思想，是儒佛合流的早期萌芽。

李翺在文學方面的成就可以歸結爲兩點。在理論方面，他積極提倡「文以載道」，要以古文的形式來宣揚儒家之道。他認爲好的文章應該文、理、義三者並重。他說：「義雖深，理雖當，詞不工者不成文，宜不能傳也。文、理、義三者兼并，乃能獨立於一時而不泯滅於後代，能必傳也。」（《答朱載言書》）三者當中，義、理是根本，文辭則是其表現，因爲「義深則意遠，意遠則理辯，理辯則氣直，氣直則辭盛，詞盛則文工」（同上）。他還强調「創意造言，皆不相師」，是對韓愈「師其意不師其辭」的發展和完善。在文學實踐方面，作爲唐代古文運動的積極倡導者，李翺各體兼長，尤擅賦與碑傳，其文神似韓愈，但卻獨具一格，呈現出自然、樸實，重實事、少虚浮的特點，在後代頗受文人推崇。歐陽脩稱：「唐文之善，則曰韓李。」蘇洵曰：「惟李翺之文，其味黯然而長，其光油然而幽。」宋濂云：「習之識高志偉，不在退之下。」全祖望也以爲李翺之文不亞於韓愈。儲欣更是在「唐宋八大家」之後增李翺、孫樵二家，編成《唐宋十大家全集録》。

據宋劉攽《中山詩話》和計有功《唐詩紀事》載，《李文公集》先由王深甫編成。《新唐書·藝文志》著録十卷，《崇文總目》著録一卷，陳振孫《直齋書録解題》著録十卷，云：「蜀本分二十卷，集中無詩，獨有『戲贈』一篇，拙甚，決非其作也。」鄭樵《通志·藝文略》作二十卷，《宋史·藝文志》作十二卷，晁公武《郡齋讀書志》著録十八卷，云：「集皆雜文，無歌詩，前有蘇舜欽序。」馬端臨《文獻通考·經籍考》作十八卷。余嘉錫《四庫提要辨證》以爲陳振孫所云蜀本二十卷乃是每卷分爲二卷，其實内容仍是《新唐志》的十卷，而《宋史》多有脱誤，其十二卷之説不足據，晁公武所謂十八卷，是二十卷已佚二卷。可以認爲：《李翺集》在北宋編成時是足本二十卷，全集只有一首詩，也就是陳振孫所謂蜀本。同時在宋代還有一個未收一詩的二十卷本流傳。此本不知何人所編，宋末元初佚失二卷，才有晁氏所見的十八卷，是蘇舜欽所序本，這從趙汸爲蘇天爵刻本所作《書後》中可以得到證明。元、明二代始終有兩種《李文公集》行世，一種有詩，另一種無詩，均是十八卷。明萬曆時陳第《世善堂藏書目録》著録《李文公集》十八卷，明末錢謙益《絳雲樓書目》亦著録《李文公集》十八卷。

《李文公集》歷代刻本甚少，版本源流頗爲清晰，細分起來不外乎兩個系統：一是無詩的本子，即宋蘇舜欽所爲序的十八卷本，就是元蘇天爵家藏本。據趙汸《書後》，蘇氏又據此本復刻行世。明末毛晉汲古閣刻《三唐人文集》時，《李文公集》即從蘇本出。清乾隆中修《四庫全書》，《李文公集》十八卷又從汲古閣本出。另一個系統是有一首詩的本子，明景泰年間邢讓據宋本抄出。這個鈔本後被許多人刊刻，先是明成化十一年（一四七五）的馮孜刻本，又有明嘉靖間的黄景夔刻本。黄序言自一朝鮮本來，但朝鮮本亦據邢鈔本刻。清初徐養元的刻本，也出自邢鈔本。

《李文公集》現存主要版本有以下幾種。第一，明成化馮孜刻本。現藏國家圖書館，十八卷，目列文一百篇，三篇有目無文，即《疏數引見待制官》、《歐陽詹傳》和《馬少監墓誌》，疑邢鈔本時已佚。此本爲國内現存最早的版本。第二，明嘉靖黄景夔刻本。國家圖書館藏，十八卷，目列文一百零一篇，三篇亦有目無文，卷六多一篇《答開元寺僧書》。第三，明末毛晋汲古閣刻、清光緒時遞修、翁同龢批校《三唐人文集》本。亦藏國家圖書館，十八卷，收文一百篇，無詩，卷七多一篇《答開元寺僧書》。簡稱「汲古閣本」。第四，日本文政二年（一八一九）刻、清同治十年（一八七一）福建劉存校本。現存南京圖書館，缺前二卷，共十六卷，收文九十六篇，亦兩篇有目無文，即《疏數引見待制官》與《歐陽詹傳》，有劉存校語。簡稱「日本本」。第五，清光緒元年（一八七五）馮焌光刻《三唐人集》本。國家圖書館藏，共八卷，補遺一卷，附録一卷，目列文計一百零九篇（包括補遺八篇），兩篇有目無文，即《疏數引見待制官》與《歐陽詹傳》。簡稱「光緒本」。另外，北大圖書館藏有舊鈔本十八卷，收文六十五篇。

此次校點，以《四部叢刊》影印明成化十一年馮孜刻、嘉靖四年（一五二五）舒瑞重修本《李文公集》爲底本，因爲它年代較早，且影印本通行易得；以汲古閣本爲校本，酌校日本本、光緒本；此外還參校《文苑英華》（收文三十三篇，簡稱「《文苑》」）、《唐文粹》（收文二十六篇，簡稱「《文粹》」）、《全唐文》（收文一百零一篇，占七卷）等典籍；同時《唐摭言》、《八瓊室金石補正》、《唐詩紀事》、《中山詩話》等文獻也作爲參校的依據。底本書前有全書目録，每卷卷首有當卷目録，二者稍有不同，卷前目録與正文更契合。今依卷前目録編製爲新目録。卷九、卷十二所闕二文，亦依卷前目録存目，注明闕文，而正文中不再出現。

此校點整理稿，是在本人原《李翺集》校點本（甘肅人民出版社一九九二年版）的基礎上依《儒藏》體例修改而成，删繁就簡，同時改正了原書中的錯誤。

又，在看校樣階段，我們發現，校點底本與流行的《四部叢刊》縮印本有不少文字差異。經研究，我們的底本是一九一九年至一九二一年間印刷的《四部叢刊初編》（下簡稱「《初編》」）初版，而流行的縮印本則是據一九二九年《初編》再版縮印的。其間文字差異乃《初編》再版時修訂所致。《初編》稱《李文公集》的底本爲「江南圖書館藏明成化刊本」，即馮孜刊本，實際上早有學者指出其底本爲嘉靖間舒瑞重修本（金濤聲《李翺集版本源流考辨》，載《唐代文學研究》第五輯）。持《初編》初版、再版與國圖所藏舒修本（國圖網站公佈的膠片）相校，《初編》初版與舒修本基本一致，再版所改文字雖然優勝，但不同於底本，已非原貌。

我們進一步調查了馮孜原刻與舒瑞重修本的差異。目前國圖所藏兩種馮刻原本，一種已在網站公佈了膠片，一種影印收入了《中華再造善本》。持此二本與舒修本相較，馮孜原刻正確而舒瑞修版致誤者不少，馮刻訛誤而舒修改正者亦多，數量幾乎不相上下（金濤聲《李翱集版本源流考辨》校勘成果可參）。所以，我們使用忠實影印舒修本的《初編》初版，與使用馮孜本相比，亦未見劣勢。但由於此前的工作未能將成化馮孜本文字優勝之處寫入校記，故借看三校樣的機會，做了如下工作：底本非而成化本是者，優先考慮將成化本作爲改字依據；二本皆通者，補列成化本異文；成化本非而底本是者，不出校。校記中所稱「諸本」，如無特別説明，則亦包含成化本。讀者察焉。

校點者　郝潤華

李文公集序

邵武郡守西蜀馮君師虞，以唐隴西李文公所爲文一十八卷，凡一百三首，命工鋟梓，以傳於天下後世，乃以屬余序。

於乎！文章之有補於治道也尚矣，爲文無補於治道，雖工何益？然文不本於仁義，則於治道亦何補之哉？《孟子》七篇，惓惓於仁義之言，故程子謂孟子有功於聖門者，以其開口便説仁義也。公嘗與其從弟正辭論文章云：「汝勿信人號文章爲一藝。夫所謂一藝者，乃時世所好之文，或有盛名於近代者是也。其能到古人者，則仁義之辭也，惡得以一藝而名之哉？仲尼、孟軻殁千餘年矣，吾不及見其人，吾能知其聖且賢者，以吾讀其辭而得之者也。後來者不可期，安知其讀吾辭也而不知吾心之所存乎？亦未可誣也。」公之所論文章如此，故其凡所爲文，莫不本於仁義。其曰：「仁義之道章章然如大道焉，人莫不知之，然皆不能行者，嗜欲害之也。」曰：「君子非仁與義則無所爲也。」曰：「近代以來入仕者，以容和爲貴富之路，曷嘗以仁義博施之爲本乎？」此皆直指仁義以示人者也。其曰：「君子進退周旋，群獨語默，不失其正。」曰：「善理其家者，親父子，殊貴賤，别妻妾、男女、高下、内外之位，正其名而已矣。」曰：「行己莫如恭，自責莫如厚，接衆莫如弘，用心莫如直，進道莫如勇，受益莫如擇友，好學莫如改過。」曰：「用忠正而不疑，屏邪佞而不近，改税法不督錢而納布帛，絶進獻以寬百姓税租之重，厚邊兵以息蕃戎侵掠之患，數引見待制官問以時事以通擁蔽之路。」此皆本於仁義，尤章章者也。公之文本於仁義如此，惡有讀公之文而不知公之心之所存者乎？公嘗有云：「僕之道窮則樂仁義而安之者也，如用焉，則推而行之於天下也，何獨天下哉？將後世之人有得於吾之功者爾。」然則公之存於心者，仁義是也。夫仁義乃人人之心之所固有者也，公之心存乎仁義，讀公之文者，有以知之則必有以慕之，慕之不已則其心亦在於仁義矣。孟子曰：「爲人臣者，懷仁義以事其君；爲人子者，懷仁義以事其父；爲人弟者，懷仁義以事其兄。是君臣、父子、兄弟，去利懷仁義以相接也，然而不王者，未之有也。」是則公之文也，於治道豈小補之哉？而郡守馮君欲公之文傳於天下後世也，亦豈不爲治道計哉？

公諱翺，字習之，官至山南東道節度使、檢校户部尚書，蓋嘗從昌黎韓先生游而爲先生之所重者云。

成化乙未春二月之吉，賜進士出身通奉大夫、廣西等處承宣布政使司左布政使玉融何宜序。

李文卷第一

賦　三　首

感知己賦并序

貞元九年，翺始就州府之貢舉人事。其九月，執文章一通，謁于右補闕安定梁君。是時，梁君之譽塞天下，屬詞求進之士，奉文章造梁君門下者，蓋無虚日。梁君知人之過也，亦既相見，遂於翺有相知之道焉；謂翺得古人之遺風，期翺之名不朽於無窮，許翺以拂拭吹噓。翺初謂面相進也，亦未幸甚。十一月，梁君遘疾而殁。翺漸遊於朋友公卿間，❶往往皆曰：「吾久籍子姓名於補闕梁君也。」翺乃知非面相進也。當時意謂先進者遇人特達，皆合有是心，亦未謂知己之難得也。梁君殁於兹五年，翺學聖人經籍教訓文句之旨，而爲文將數萬言，愈昔年見于梁君之文弗啻數倍；雖不敢同德於古人，然亦常無怍於中心。每歲試於禮部，連以文章罷黜，聲光晦昧于時俗，人皆謂之固宜矣；然後知先進者遇人特達，亦不皆有是心，方知知己之難

❶「漸」，汲古閣本無。

得也。夫見善而不能知，雖善何爲？知而不能譽，則如勿知；譽而不能深，則如勿譽；深而不能久，則如勿深；久而不能終，則如勿久。翺雖不肖，幸辱於梁君所知，君爲之言於人，豈非譽歟？謂其有古人之遺風，豈非深歟？譽而逮夫終身，豈非久歟？不幸梁君短命遽殁，是以翺未能有成也，其誰能相繼梁君之志而成之歟？已焉哉！天之遽喪梁君也，是使翺之命久迍邅厄窮也！遂賦感知己以自傷，其言怨而不亂，蓋小雅騷人之餘風也。其辭曰：

戚戚之愁苦兮，思釋去之無端。彼衆人之容易兮，乃志士之所難。伊自古皆嗟兮，又何怨乎兹之世。獨厄窮而不達兮，悼知音之永逝。紛予生之多故兮，愧特于世之誰知。撫聖人教化之旨兮，詢合古而乖時。誠自負其中心兮，嗟與俗而相違。趨一名之五稔兮，尚無成而淹此路岐。昔聖賢之遑遑兮，極屈辱之驅馳。擇中庸之蹈難兮，雖困頓而終不改其所爲。苟天地之無私兮，曷不鑒照於神祇。心勁直於松柏兮，淪霜雪而不衰。知我者忽然逝兮，豈吾道之已而。

幽懷賦并序

朋友有相歎者，賦幽懷以答之，其辭曰：

衆囂囂而雜處兮，咸嗟老而羞卑。視予心之不然兮，慮行道之猶非。儻中懷之自得兮，終老死其何悲。昔孔門之多賢兮，惟回也爲庶幾。超群情以獨去兮，❶指聖域而高追。固簞食與瓢飲兮，寧服輕而駕肥。

❶「超」，《文苑》作「越」。

望若人其何如兮，慚吾德之纖微。躬不田而飽食兮，妻不織而豐衣。援聖賢而比度兮，何僥倖之能希。念所懷之未展兮，非悼己而陳私。自禄山之始兵兮，歲周甲而未夷。何神堯之郡縣兮，乃家傳而自持。税生人而育卒兮，列高城以相維。何兹勢之可久兮，❶宜永念而遐思。有三苗之逆命兮，舞干羽以來之。惟刑德之既修兮，無遠迩而咸歸。❷當高祖之初起兮，提一旅之羸師。能順天而用衆兮，竟掃寇而戡隋。❸况天子之神明兮，有烈祖之前規。剗弊政而還本兮，如反掌之易爲。苟廟堂之治得兮，何下邑之能違。哀予生之賤遠兮，包深懷而告誰。嗟此誠之不達兮，惜此道而無遺。獨中夜以潛歎兮，匪吾憂之所宜。

釋懷賦并序

讀《黨錮傳》，哀直道之多尤不容，作《釋懷賦》，其辭曰：

懷夫人之鬱鬱兮，歷晦吝而不離。吾心直以無差兮，惟上天其能知。邪何德而必好兮？忠何尤而被疑？彼陳辭之多人兮，胡不去衆而訊之？進盡言而不信兮，退遠去而不獲。弗驗實而考省兮，固予道之所厄。昔師商之規聖兮，德既均而行革。惟肝腸之有殊兮，守不同其何責。願披懷而竭聞兮，道既塞而已

❶「勢」，原作「世」，今據《文苑》改。

❷「遠迩」，《文苑》、《全唐文》作「遐邇」。

❸「隋」，原作「隨」，唐人或以「隋」作「隨」，今據汲古閣本改。

行。路非險而不通兮，人忌我而異情。王章直而獄死兮，李固忠而陷刑。自古世之所悲兮，矧末俗之衰誠。哀貞心之潔白兮，疾苗莠之紛生。令農夫以手鋤兮，反剪去乎嘉莖。豈不指穢而語之兮，佯瞪瞢而不肯聽。歎釋去而不忍兮，終留滯亦何成？當晨旦而步立兮，仰白日而自明。處一世而若流兮，何久永而傷情？樂此言而內抑兮，❶壯大觀於莊生。拔馨香之茝蘭兮，樹蒿蔚以羅列。斥通道而使蕪兮，❷戀棘徑之中絕。心置春秋而詢心兮，羌與此其奚別。昔誓詞而約交兮，期共死而皆居。嗟所守之既異兮，乃汗漫而遺初。皓白而不容兮，非市直而望利。忠不顧而立忘兮，交不同而行棄。悲夫不徇己而必仇兮，諒非水火其何畏。獨吾行之不然兮，直愧心而懼義。嘉山松之蒼蒼兮，歲苦寒而亦悴。吾固樂其貞剛兮，夫何尤乎小異。欲靜默而絕聲兮，豈不悼厥初之所志。抑此懷而不可兮，終永夜以噓唏！

❶「內」，《文苑》作「自」。
❷「道」，《文苑》作「路」。

李文卷第二

文　三　首

復性書上

人之所以爲聖人者，性也；人之所以惑其性者，情也。喜、怒、哀、懼、愛、惡、欲七者，皆情之所爲也。情既昏，性斯匿矣。非性之過也，七者循環而交來，故性不能充也。水之渾也，其流不清；火之煙也，其光不明：非水火清明之過。沙不渾，流斯清矣；煙不鬱，光斯明矣；情不作，性斯充矣。性與情不相無也。雖然，無性則情無所生矣。是情由性而生，情不自情，因性而情；性不自性，由情以明。性者，天之命也，聖人得之而不惑者也；情者，性之動也，百姓溺之而不能知其本者也。聖人者，豈其無情邪？聖人者，寂然不動，不往而到，不言而神，不耀而光，制作參乎天地，變化合乎陰陽；雖有情也，未嘗有情也。然則百姓者，豈其無性者邪？百姓之性與聖人之性弗差也。雖然，情之所昏，交相攻伐，未始有窮，故雖終身而不自覩其性焉。火之潛于山石林木之中，非不火也；江、河、淮、濟之未流而潛于山，非不泉也。石不敲，木不磨，則不能燒其山林而燥萬物。泉之源弗疏，則不能爲江、爲河、爲淮、爲濟，東匯大壑，浩浩蕩蕩，爲弗測之深。

情之動弗息，則不能復其性而燭天地，爲不極之明。故聖人者，人之先覺者也。覺則明，否則惑，惑則昏。明與昏謂之不同。明與昏，性本無有，則同與不同二者離矣。夫明者所以對昏，昏既滅，則明亦不立矣。

是故，誠者聖人之性也。❶寂然不動，廣大清明，照乎天地，感而遂通天下之故，行止語默無不處於極也。復其性者，賢人循之而不已者也，不已則能歸其源矣。《易》曰：「夫聖人者，與天地合其德，日月合其明，四時合其序，鬼神合其吉凶，先天而天不違，後天而奉天時，天且弗違，而况於人乎？况於鬼神乎？」此非自外得者也，能盡其性而已矣。子思曰：「唯天下至誠，爲能盡其性。能盡其性，則能盡人之性；能盡人之性，則能盡物之性；能盡物之性，則可以贊天地之化育；可以贊天地之化育，則可以與天地參矣。其次致曲，曲能有誠。誠則形，形則著，著則明，明則動，動則變，變則化。唯天下至誠爲能化。」

聖人知人之性皆善，可以循之不息而至於聖也，故制禮以節之，作樂以和之。安於和樂，樂之本也；動而中禮，禮之本也。故在車則聞鸞和之聲，行步則聞珮玉之音，無故不廢琴瑟，視聽言行，循禮而動，所以教人忘嗜欲而歸性命之道也。道者，至誠也。誠而不息則虚，虚而不息則明，明而不息則照天地而無遺。非他也，此盡性命之道也。哀哉！人皆可以及乎此，莫之止而不爲也，不亦惑邪？昔者聖人以之傳于顔子，顔子得之，拳拳不失，不遠而復，「其心三月不違仁」。子曰：「回也其庶乎，屢空。」其所以未到於聖人者一息耳，非力不能也，短命而死故也。其餘升堂者，蓋皆傳也。一氣之所養，一雨之所膏，而得之者各有淺深，

❶「之性」，原作「性之」，今據《文苑》、《文粹》乙正。

不必均也。子路之死也，石乞、盂黶以戈擊之，斷纓，子路曰：「君子死，冠不免。」結纓而死。由也，非好勇而無懼也，其心寂然不動故也。曾子之死也，曰：「吾求何焉？❶吾得正而斃焉，斯已矣。」此正性命之言也。子思，仲尼之孫，得其祖之道，述《中庸》四十七篇，以傳于孟軻。軻曰：「我四十不動心。」軻之門人，達者公孫丑、萬章之徒，蓋傳之矣。遭秦滅書，《中庸》之不焚者，一篇存焉，於是此道廢缺。其教授者，唯節行、文章、章句、威儀、擊劍之術相師焉，性命之源，則吾弗能知其所傳矣。

道之極于剥也必復，吾豈復之時邪？吾自六歲讀書，但爲詞句之學。志於道者四年矣，與人言之，未嘗有是我者也。南觀濤江入於越，而吴郡陸傪存焉，與之言之，陸傪曰：「子之言，尼父之心也。東方如有聖人焉，不出乎此也；南方如有聖人焉，亦不出乎此也。惟子行之不息而已矣。」嗚呼！性命之書雖存，學者莫能明，是故皆入於莊、列、老、釋，不知者謂夫子之徒不足以窮性命之道，信之者皆是也。有問於我，我以吾之所知而傳焉，遂書于書，以開誠明之源，而缺絶廢棄不揚之道，幾可以傳于時，命曰《復性書》，以理其心，以傳乎其人。烏戲！夫子復生，不廢吾言矣。

復性書中

或問曰：「人之昏也久矣，將復其性者，必有漸也。敢問其方？」

---

❶「求何」，《文苑》、《文粹》作「何求」。

曰：「弗慮、弗思，情則不生；情既不生，乃爲正思。正思者，無慮、無思也。《易》曰：『天下何思、何慮？』又曰：『閑邪存其誠。』《詩》曰：『思無邪。』」

曰：「已矣乎？」

曰：「未也。此齋戒其心者也，猶未離於静焉。有静必有動，有動必有静；動静不息，是乃情也。《易》曰：『吉凶悔吝，生於動者也。』焉能復其性邪？」

曰：「如之何？」

曰：「方静之時，知心無思者，是齋戒也。知本無有思，動静皆離，寂然不動者，是至誠也。《中庸》曰：『誠則明矣。』《易》曰：『天下之動，貞夫一者也。』」

問曰：「不慮不思之時，❶物格於外，情應於内，如之何而可止也？以情止情，其可乎！」

曰：「情者，性之邪也。知其爲邪，邪本無有，心寂不動，邪思自息，惟性明照，邪何所生？如以情止情，是乃大情也。情互相止，❷其有已乎？《易》曰：『顔氏之子，其殆庶幾乎？❸有不善未嘗不知，知之未嘗復行也。』《易》曰：『不遠復，無祇悔，元吉。』」

❶「不慮不思」，《文苑》作「不思不慮」。
❷「互」，《文苑》、《文粹》作「之」。
❸「其殆庶幾乎」五字，原脱，今據《文苑》、《文粹》補。

問曰：「本無有思，動静皆離，然則聲之來也，其不聞乎？物之形也，其不見乎？」

曰：「不覩不聞，是非人也。視聽昭昭，而不起於見聞者，斯可矣。無不知也，無弗爲也，其心寂然，光照天地，是誠之明也。《大學》曰：『致知在格物。』《易》曰：『易，無思也，無爲也，寂然不動，感而遂通天下之故，非天下之至神，其孰能與於此？』」

曰：「敢問『致知在格物』，何謂也？」

曰：「物者，萬物也。格者，來也，至也。物至之時，其心昭昭然明辨焉，而不應於物者，是致知也，是知之至也。知至故意誠，意誠故心正，心正故身脩，身脩而家齊，家齊而國理，國理而天下平，此所以能參天地者也。《易》曰：『與天地相似，故不違。知周乎萬物而道濟天下，故不過。旁行而不流，樂天知命，故不憂。安土敦乎仁，故能愛。範圍天地之化而不過，曲成萬物而不遺，通乎晝夜之道而知，故神無方而易無體，一陰一陽之謂道。』此之謂也。」

曰：「生爲我説《中庸》。」

曰：「不出乎前矣。」

曰：「我未明也，敢問何謂『天命之謂性』？」

曰：「人生而静，天之性也。性者，天之命也。」

「率性之謂道，何謂也？」❶

❶「謂」，原作「請」，今據諸本改。

曰：「率，循也。循其源而反其性者，道也。道也者，至誠也。至誠者，天之道也。誠者，定也，不動也。」

「脩道之謂教，何謂也？」

曰：「誠之者，❶人之道也。誠之者，❷擇善而固執之者也。循是道而歸其本者，❸明也。教也者，則可以教天下矣，顏子其人也。『道也者，不可須臾離也，可離非道也。』說者曰：『其心不可須臾動焉故也。動則遠矣，非道也。變化無方，未始離於不動故也。』『是故君子戒慎乎其所不覩，恐懼乎其所不聞，莫見乎隱，莫顯乎微，故君子慎其獨也。』說者曰：『不覩之覩，見莫大焉；不聞之聞，聞莫甚焉。其心一動，❹是不覩之覩，不聞之聞也；其復之也遠矣。❺故君子慎其獨，慎其獨者，守其中也。』」

問曰：「昔之註解《中庸》者，與生之言皆不同，何也？」

曰：「彼以事解者也，我以心通者也。」

曰：「彼亦通於心乎？」

曰：「吾不知也。」

---

❶「誠之」，《文苑》、《文粹》作「教也」。
❷「誠之者」，《文粹》無此三字。
❸「循」，原作「脩」，今據《文苑》、《文粹》改。
❹「一」，《文苑》、《文粹》作「不」。
❺「也」，《文苑》、《文粹》作「不」。

曰：「如生之言，脩之一日，則可以至於聖人乎？」

曰：「十年擾之，一日止之，而求至焉，是孟子所謂以杯水而救一車薪之火也，甚哉！止而不息必誠，誠而不息必明，明與誠終歲不違，則能終身矣。造次必於是，顛沛必於是，則可以希於至矣。❶故《中庸》曰：『至誠無息，不息則久，久則徵，徵則悠遠，悠遠則博厚，博厚則高明。博厚所以載物也，高明所以覆物也，悠久所以成物也。博厚配地，高明配天，悠久無疆。如此者，不見而章，不動而變，無爲而成。天地之道，❷可一言而盡也。』」

問曰：「凡人之性猶聖人之性歟？」

曰：「桀紂之性，猶堯舜之性也。其所以不覩其性者，嗜欲好惡之所昏也，非性之罪也。」

曰：「爲不善者非性邪？」

曰：「非也，乃情所爲也。情有善有不善，而性無不善焉。孟子曰：『人無有不善，水無有不下。夫水搏而躍之，可使過顙，激而行之，可使在山，是豈水之性哉？』其所以導引之者然也。人之性皆善，其不善亦猶是也。」

問曰：「堯舜豈不有情邪？」

---

❶「以」，原作「次」，今據成化本、汲古閣本改。

❷「天」，原作「大」，今據《文苑》、《文粹》改。

曰：「聖人至誠而已矣。堯舜之舉十六相，非喜也；流共工，放驩兜，殛鯀，竄三苗，非怒也：中於節而已矣。其所以皆中節者，設教於天下故也。《易》曰：『知變化之道者，其知神之所爲乎？』《中庸》曰：『喜、怒、哀、樂之未發謂之中，發而皆中節謂之和。中也者，天下之大本也；和也者，天下之達道也。致中和，天地位焉，萬物育焉。』《易》曰：『唯深也，故能通天下之志。唯幾也，故能成天下之務。惟神也，故不疾而速，不行而至。』聖人之謂也。」

問曰：「人之性猶聖人之性，嗜欲愛憎之心何因而生也？」

曰：「情者，妄也，邪也；邪與妄則無所因矣。妄情滅息，本性清明，周流六虚，所以謂之能復其性也。《易》曰：『乾道變化，各正性命。』《論語》曰：『朝聞道，夕死可矣。』能正性命故也。」

問曰：「情之所昏，性即滅矣，何以謂之猶聖人之性也？」

曰：「水之性清澈，其渾之者沙泥也。方其渾也，性豈遂無有邪？久而不動，沙泥自沉。清明之性鑒於天地，非自外來也。故其渾也，性本弗失，及其復也，性亦不生。人之性亦猶水也。」

問曰：「人之性本皆善，而邪情昏焉，敢問聖人之性將復爲嗜欲所渾乎？」

曰：「不復渾矣。情本邪也，妄也，邪妄無因，人不能復。聖人既復其性矣，知情之爲邪，邪既爲明所覺矣，覺則無邪，邪何由生也？伊尹曰：天之道，以先知覺後知，先覺覺後覺者也。予天民之先覺者也，❶予

❶「予天民之先覺者也」八字，原缺，今據《文苑》、《文粹》補。

將以此道覺此民也，非予覺之而誰也？如將復爲嗜欲所渾，是尚不自覺者也，而況能覺後人乎？」

曰：「敢問死何所之耶？」

曰：「聖人之所不明書于策者也。《易》曰：『原始反終，故知死生之説。精氣爲物，游魂爲變，是故知鬼神之情狀。』斯盡之矣。子曰：『未知生，焉知死。』然則原其始而反其終，則可以盡其生之道；生之道既盡，則死之説不學而自通矣。此非所急也，子脩之不息，其自知之，吾不可以章章然言且書矣。」

復性書下

晝而作，夕而休者，凡人也。作乎作者，與萬物皆作；休乎休者，與萬物皆休；吾則不類於凡人。晝無所作，夕無所休；作非吾作也，作有物；休非吾休也，休有物。作耶？休耶？二者離而不存，予之所存者終不亡且離也。

人之不力於道者，昏不思也。天地之間，萬物生焉。人之於萬物，一物也；其所以異於禽、獸、蟲、魚者，豈非道德之性乎哉？受一氣而成其形，一爲物而一爲人，得之甚難也。生乎世，又非深長之年也，以非深長之年，行甚難得之身，而不專專於大道，肆其心之所爲，則其所以自異於禽、獸、蟲、魚者亡幾矣！昏而不思，其昏也終不明矣。

吾之生二十有九年矣。思十九年時，如朝日也；思九年時，亦如朝日也。人之受命，其長者不過七十、

八十、九十年，百年者則稀矣。當百年之時，而視乎九年時也，❶與吾此日之思于前也，遠近其能大相懸耶？其又能遠於朝日之時耶？然則人之生也雖享百年，若雷電之驚相激也，若風之飄而旋也，可知耳矣。況千百人而無一及百年者哉！故吾之終日志於道德，猶懼未及也，彼肆其心之所爲者，獨何人耶？

❶「九年」，《文苑》、《文粹》作「九十年」，近是。

李文卷第三

文　三首

平賦書并序

孔子曰：「道千乘之國，敬事而信，節用而愛人，使民以時。」又曰：「若欲行而法，則周公之典在。」孟子曰：「夏后氏五十而貢，殷人七十而助，周人百畝而徹，其實皆什一也。」「欲輕之於堯舜之道，大貉、小貉也；欲重之於堯舜之道，大桀、小桀也。」是以什一之道，公私皆足；人既富，然後可以服教化，反淳朴。古之聖賢，未有不善於爲政理人，而能光于後代者也。故善爲政者，莫大於理人；理人者，莫大於既富之，又教之。凡人之情，莫不欲富足而惡貧窮。終歲不製衣則寒，一日不得食則飢。四人之苦者，莫甚於農人。麥粟布帛，農人之所生也，歲大豐，農人猶不能足衣食，如有水旱之災，則農人先受其害。有若曰：「百姓不足，君孰與足？」夫如是，百姓之視其長上如仇讎，安既不得享其利，危又焉肯盡其力？自古之所以危亡，未有不由此者也。人皆知重斂之爲可以得財，而不知輕斂之得財愈多也，何也？重斂則人貧，人貧則流者不歸，而天下之人不來；由是土地雖大，有荒而不耕者，雖耕之而地力有所遺，人日益困，財日益匱，是謂棄天之時，遺地之利，竭人之財。如此者，雖欲爲社稷之臣，建不朽之功，誅暴逆而威四夷，徒有其心，豈可得耶？故輕斂則人樂其生，❶人樂其生，則居者不流而流者日來；居者不流而流者日來，則土地無荒，桑柘日繁，盡力畊之，地有餘利，人日益富，兵日益强，四鄰之人，歸之如父母，雖欲驅而去之，其可得耶？是以與之安而居，則富而可教；與之危而守，則人皆自固。孟軻所謂「率其子弟，攻其父母，自生人以來，❷未有能濟者也」。嗚呼！仁義之道，章章然如大道焉，人莫不知之，然皆不能行，何也？見之有所未盡，而又有嗜欲以害之；其自任太多，而任人太寡。是以有土地者有仁義，無代無之，雖莫不知之，然而未有一人能行之而功及後代者，由此道也。秦滅古法，隳井田，而夏、殷、周之道廢，相承滋久，不可卒復。翱是以取可行於當時者，爲《平賦書》，而什一之法存焉，庶幾乎能有行之者云耳。

凡爲天下者，視千里之都；爲千里之都者，視百里之州；爲百里之州者，起於一畝之田。五尺謂之步，古者六尺爲步；古之尺小，爲兹時之尺四尺八寸。則方一步爲古之方一步餘三百六寸二分五釐也。二百有四十步謂之畝，古者步百爲畝，與此時不同，則從俗之數則易行也。一畝爲古之田三畝也。三百有六十步謂之里，古者畝百爲夫，夫三爲屋，屋

❶「斂」，原作「欲」，今據成化本、汲古閣本、《文粹》改。

❷「自」下，《文粹》有「有」字，與《孟子》合。

三爲井，一井之田九夫、三屋，方三百步，爲一里也。方一里之田九夫，頃異名也。❶方里之田五百有四十畝，畝百爲頃，五頃四十畝也。古之里雖小，其畝又加小，所以古之方一里爲田九頃，茲時方一里爲田五頃四十畝，爲古之田十六頃有二十畝也。十里之田五萬有四千畝，五百四十頃也，爲古之田一千六百二十頃也。百里之州五十有四億畝，❷五萬四千頃也，爲古之田一十六萬二千頃也。千里之都，五千有四百億畝。五百四十萬頃也，爲古之田一千六百二十萬頃也。❸方里之內，以十畝爲之屋室、徑路，牛豚之所息，葱韭菜蔬之所生植，里之家給焉。古者方一里爲井，爲田九百畝，農夫八家，各受百畝，公田八十畝，八家同養公田，公事畢然後理私田。《詩》曰：「雨我公田，遂及我私。」餘田二十畝爲閭、井、屋、室。茲時既加大，一畝之田爲古之田三畝，十畝之田，爲古之田三十畝，校其多少亦相若矣。凡百里之州，爲方十里者百。州縣城郭之所建，通川大途之所更，丘墓鄉井之所聚，甽遂溝澮之所渠，❹大計不過方十里者三十有六，有田一十九億四萬有四千畝，一萬九千四百四十頃也。百里之家給焉。千里亦如之。高山、大川，則郭其中，❺斬長綴短而量之。一畝之田，以强并弱，水旱之不時，雖不能盡地力者，歲不下粟一石，公索其十之一。凡百里之州，有田五十有四億畝，以一十九億四萬有四千畝爲之州縣城郭、通川大途、甽遂溝澮、丘墓鄉井、屋室徑路、牛豚之

---

❶「頃」，原作「埸」，今據成化本改。

❷「十」，原作「千」，今據《文粹》改。

❸「之」，原脱，今據《全唐文》補。

❹「澮」，原作「瀆」，今據《文粹》改。

❺「則郭」，成化本、《文粹》、《文章正宗》作「則椁」，《全唐文》作「城郭」。

所息、葱韭菜蔬之所生植，餘田三十四億五萬有六千畝。三萬四千五百六十頃也。畝率十取粟一石，爲粟三十四萬五千有六百石，以貢於天子，以給州、縣凡執事者之禄，以供賓客，以輸四方，以禦水旱之災，皆足於是矣。其田間樹之以桑。凡樹桑人一日之所休者謂之功；桑太寡則乏于帛，太多則暴于田，❶是故，十畝之田植桑五功。一功之蠶，取不宜歲度之，雖不能盡其功者，功不下一匹帛，公索其百之十。凡百里之州，有田五十四億畝，以十九億四萬有四千畝爲之州縣城郭、通川大途、畎遂溝澮、丘墓鄉井、屋室徑路、牛豚之所息、葱韭菜蔬之所生植，餘田三十四億五萬有六千畝，麥之田大計三分當其一，其土卑不可以植桑，餘田二十三億有四千畝樹桑，凡一百一十五萬有二千功，功率十取一匹帛，爲帛一十一萬五千有二百匹，以貢于天子，以給州縣凡執事者之禄，❷以供賓客，以問四方，以禦水旱之災，皆足于是矣。鰥、寡、孤、獨有不人疾者，公與之粟帛。能自給者，弗征其田桑，凡十里之鄉爲之公囷焉。鄉之所入于公者，歲十舍其一于公囷，十歲得粟三千四百五十有六石。十里之鄉，多人者不足千六百家，鄉之家保公囷，使勿偷，饑歲并人不足於食，量家之口多寡，出公囷與之，而勸之種，❸以須麥之升焉。及其大豐，鄉之正告鄉之人歸公所與之畜，當戒必精，勿濡，以内于公囷，窮人不能歸者，與之，勿徵于書。則歲雖大饑，百姓不困于食，不死於溝洫，不流

❶「太」上，《文粹》有「桑」字。
❷「給」，原作「紂」，今據諸本改。
❸「種」，成化本作「蠶」。

而入於他矣。人既富，樂其生，重犯法而易爲善；教其父母使之慈，教其子弟使之孝，教其在鄉黨使之敬讓。羸老者得其安，幼弱者得其養，鰥、寡、孤、獨有不人疾者，皆樂其生。屋室相隣，烟火相接于百里之内，與之居則樂而有禮，與之守則人皆固其業，雖有强暴之兵不敢陵。自百里之内，推而布之千里，自千里而被乎四海，其孰能當之？是故善爲政者，百姓各自保而親其君上，雖欲危亡，弗可得也。其在《詩》曰：「迨天之未陰雨，徹彼桑土，綢繆牖户。今此下民，或敢侮予。」此之謂也。

進士策問第一道

問：初定兩税時，錢直卑而粟帛貴，粟一斗價盈百，帛一匹價盈二千；税户之歲供千百者，不過粟五十石，帛二十有餘匹而充矣。故國用皆足，而百姓未以爲病。其法弗更，及兹三十年，百姓土田爲有力者所併，三分踰一其初矣。其輸錢數如故，錢直日高，粟帛日卑，粟一斗價不出二十，帛一匹價不出八百，税户之歲供千百者，粟至二百石，帛至八十匹，然後可足，是爲錢數不加而其税以一爲四，百姓日蹙，而散爲商以遊十三四矣。四年春，天子哀之，詔天下守土臣定留州使額錢，其正料米如故，其餘估高下如上供，百姓賴之。以比兩税之初，輕重猶未相似。有何術可使國用富而百姓不虚，遊人盡歸於農而皆樂，有力所併者税之如户，而士兵不怨；夫豈無策而臻於是耶？吾子盍悉懷以來告。

又第二道

問：土蕃之爲中國憂也久矣！和親賂遺之，皆不足以來好息師。信其甘言而與之詛盟耶，於是深懷陰邪，乘我之去而欺神虐人，❶係虜卿士大夫，至兹爲羞。備禦之耶，則暴天下數十萬之兵，或悲號其父母妻子，且煩饋餫衣食之勞，百姓以虚；弗備禦之耶，必將伺我之間，攻陷城池，❷掠玉帛、子女，殺其老弱，係纍其丁壯以歸。自古帝王豈無誅夷狄之成策邪？何邊境未安若斯之甚邪？二三子其將亦有説乎？

❶「去」下，《全唐文》有「兵」字。「虐」，原誤作「雪」，今據成化本、汲古閣本改。
❷「池」，《全唐文》作「邑」。

李文卷第四

文七首

從道論

中才之人拘於書而惑於衆。❶傳言：「違衆不祥。」《書》曰：「三人占，則從二人之言。」翱以爲，言出於口則可守而爲常，則中人之惑者多矣。何者？君子從乎道也，不從乎衆也。道之公，余將是之，豈知天下黨然而非之；道之私，余將非之，豈知天下謷然而是之！將是之，豈圖是之之利乎？將非之，豈圖非之之害乎？故大道可存，是非可常也。小人則不然。將是之，先攫其利己；將非之，先怖其害己。然則遠害者心是而非之，眩利者心非而是之。故大道喪，是非汩，人倫壞，邪説勝。庸可使衆言必聽，衆違必從之耶？

且夫天下蚩蚩，知道者幾何人哉？使天下皆賢人，則從衆可也。使天下賢人二、小人三，其可以從乎？況貪人以利從，則富者之言勝；柔人以生從，則威者之言勝；中人以名從，則狷者之言勝。而君子之

❶「拘」，《文苑》作「局」。

處衆，則諄諄然如愚，怡怡然如卑，當言而默者三：遊同而器異則默，待近而責遠則默，事及而時未則默。小人俱不然。所以君子慎言而小人飾言，君子俟時而小人徇時也。然則君子默於衆，小人默於獨，皆事勢牽之，豈心願耶？學而從之者，得以擇之矣。

嗚呼！治世少而亂世多，賢一伸而邪百勝，在上者言貴和而不貴正，在下者言貴從而不貴得。設使一室之中，一人唱而十人和，❶一人訥，則雖欲言之，群而訧之矣。是則和者人之喜，默者人之怒，吾寧從道而罹怒乎？寧違道而從衆乎？斯所謂辨難易而權是非矣。或曰：「衆可違而不可從，必乎？」曰：「未也。君子怯於名而勇於實。吾非衆之首，衆非吾必從，❷君子完其力而已，則奚以違？理不吾之問，辭非人必從，君子耳其聲而已，則奚以違？所謂君子者，進退周旋，群獨語默，不失其正而不罹其害者，蓋在此而已矣。」

去佛齋❸并序

故温縣令楊垂爲京兆府參軍時，奉叔父司徒命撰集喪儀，其一篇云「七七齋」，以其日送卒者衣服於佛

---

❶「一人唱而十人和」至「所謂辨難易而権是非矣」一節，《文苑》作「一人唱而千人和，一人和，一人訥，則見在是矣。雖欲言之，群而訧之矣，當是則見在是。和者人之喜，默者人之怒，吾寧從道而罹怒乎？寧違道而從衆乎？斯以辨之難易而較是非也，所謂辨難易而較是非矣」。「権」，汲古閣本作「權」。

❷「必」，《文苑》、《全唐文》作「之」，近是。

❸「齋」下，《全唐文》有「論」字。

寺，以申追福。翺以楊氏喪儀其他皆有所出，多可行者，獨此一事傷禮，故論而去之，將存其餘云。

佛法之流染於中國也，六百餘年矣。始于漢，浸淫于魏、晉、宋之間，而瀾漫於梁，蕭氏遵奉之，以及于兹。蓋後漢氏無辨而排之者，遂使夷狄之術行于中華，故吉凶之禮謬亂，其不盡爲戎禮也無幾矣。且楊氏之述喪儀，豈不以禮法遷壞，衣冠士大夫與庶人委巷無別，爲是而欲糾之以禮者耶？是宜合于禮者存諸，愆於禮者辨而去之，安得專己心而言也？苟懼時俗之怒己耶，則楊氏之儀，據於古而拂于俗者多矣。置而勿言，則猶可也，既論之而書以爲儀，捨聖人之道，則禍流于將來也無窮矣。

佛法之所言者，列禦寇、莊周言所詳矣，❶其餘則皆戎狄之道也。使佛生於中國，則其爲作也必異於是，況驅中國之人舉行其術也。君臣、父子、夫婦、兄弟、朋友，存有所養，死有所歸，生物有道，費之有節，自伏羲至於仲尼，雖百代聖人，不能革也。故可使天下舉而行之無弊者，此聖人之道，所謂「君臣、父子、夫婦、兄弟、朋友，而養之以道德仁義」之謂也。患力不足而已。向使天下之人，力足盡修身毒國之術，六七十歲之後，雖享百年者亦盡矣。天行乎上，地載乎下，其所以生育於其間者，畜獸、禽鳥、魚鼈、蛇龍之類而止爾，況必不可使舉而行之者耶？夫不可使天下舉而行之，則非聖人之道也。故其徒也，不蠶而衣裳具，弗耨而飲食充，安居不作，役物以養己者，至於幾千百萬人，推是而凍餒者幾何人可知矣。於是築樓、殿、宮、閣以事之，飾土、木、銅、鐵以形之，髡良人男女以居之，雖璇室、象廊、傾宮、鹿臺、章華、阿房弗加也。是豈不出

❶「言所」，《全唐文》作「所言」。

乎百姓之財力歟？

昔者禹之治水害也，三過其門而不入，手胼足胝，鑿九河，疏濟、洛，導漢、汝，決淮、江而入于海。人之弗爲蛟龍食也，禹實使然。德爲聖人，功攘大禍，立爲天子。而《傳》曰：「菲飲食，惡衣服，卑宮室，土階高三尺。」其異於彼也如是，此昭昭然其大者也。詳而言之，其可窮乎？故惑之者溺於其教，而排之者不知其心，雖辯而當，不能使其徒無譁而勸來者，故使其術若彼其熾也。有位者信吾説而誘之，其君子可以理服，其小人可以令禁，其俗之化也弗難矣。然則不知其心，無害爲君子，而溺於其教者，以夷狄之風而變乎諸夏，禍之大者也，其不爲戎也幸矣。❶

昔者司士賁告於子游曰：「請襲於牀。」子游曰：「諾。」縣子聞之，曰：「汰哉叔氏！專以禮許人。」人之襲於牀，失禮之細者也，猶不可，況舉身毒之術，亂聖人之禮，而欲以傳於後乎！

解惑

王野人，名體静，蓋同州人。始游浮山觀原，未有室居，縫紙爲裳，取竹架樹，覆以草，獨止其下，豺豹熊象，過而馴之，弗害也。積十年，乃構草堂，植茶成園，犂田三十畝以供食。❷不畜妻子，少言説，有所問，盡

❶「戎」，原作「我」，今據成化本、汲古閣本改。
❷「供」下，汲古閣本有「衣」字。

誠以對。人或取其絲，約酬利，弗問姓名，皆與。或負之者，終不言。凡居二十四年，年六十二，貞元二十五年五月，卒于觀原茶園。村人相與鑿木爲空，盛其屍，埋于園中。觀原積無人居，因野人遂成三百家。有尚怪者，因謬云：「野人既死，處士陳恒發其棺，惟見空衣。」翱與陳恒相遇，問其故。恒曰：「作記者欲神浮山，故妄云然。」

元和四年十一月，翱以節度掌書記，奉牒知循州。五年正月，准制祭名山大川，翱奉牲牢于山，❶致帝命。遂使斲木爲棺，命將吏村人改葬野人，遷于佛寺南岡，其骨存焉。乃立木於墓東，志曰「王處士葬于此」。削去謬記，以解觀聽者所惑。

命解

或曰：「貴與富在我而已，❷以智求之則得之，不求則不得也。何命之爲哉？」或曰：「不然。求之有不得者，有不求而得之者，是皆命也。人事何爲？」二子出，或問曰：「二者之言，其孰是耶？」對曰：「是皆陷人於不善之言也。以智而求之者，盗耕人之田者也；皆以爲命者，弗耕而望收者也。吾無取焉爾。循其方，由其道，雖禄之以千乘之富，舉而立諸卿大夫之上，受而不辭。非曰貪也，私於己者寡，而利於天下者

❶「于」上，《全唐文》有「祭」字。

❷「貴」，原作「真」，今據成化本、汲古閣本改。

多，故不辭也。何命之有焉？如取之不循其方，用之不由其道，雖一飯之細，猶不可以受，况富貴之大耶？非曰廉也，利於人者鮮，而賊於道者多，故不爲也。何智之有焉？然則君子之術，其亦可知也已。」

帝王所尚問

夏尚忠，殷尚敬，周尚文，何也？

曰：帝王之道，非尚忠也，非尚敬與文也，因時之變，以承其弊而已矣。救野莫如敬，救鬼莫如文，救僿莫如忠，循環終始，迭相爲救。如火之菑而燒也，❶人知勝之于水矣，勝于水者土也，水之潰遏其流者，則必大爲之防矣。故夏禹之政忠，❷殷湯之政敬，武王之政文，各適其宜也。如武王居禹之時，則尚忠矣。湯居武王之時，則尚文矣。禹與湯交地而居，❸則夏先敬，而殷尚乎忠矣。故適時之宜而補其不得者，三王也。使黄帝、堯、舜王三王之天下，❹則亦必爲禹、湯、武王之所爲矣。由是觀之，五帝之與夏、商、周，一道也。若救殷之鬼不以文，而曰「我必以夏之忠而化之」，是猶適於南而北轅，其到也無日矣。孔子，聖人之大者

❶「菑」，《文粹》作「蔓」，近是。
❷「夏禹之政」至「武王之政文」，三「政」下，《文粹》、《全唐文》均有「尚」字。
❸「地」，原作「交」，今據諸本改。
❹上「王」字，汲古閣本、《文粹》作「居」。

也，若王天下而傳周，其救文之弊也，亦必尚乎夏道矣。是文與忠、敬皆非帝王之所尚，乃帝王之所以合變而行權者也，因時之變以承其弊，不可休而作爲之者爾。

正位

善理其家者，親父子，殊貴賤，别妻妾、男女、高下、内外之位，正其名而已矣。古之善治其國者，先齊其家，言自家之刑於國也。欲其家之治，先正其名而辨其位之等級。名位正而家不治者有之矣，名位不正而能治其家者，未之有也。是故出令必當，行事必正，非義不言，三者得，則不勸而下從之矣；出令不當，行事不正，非義而言，三者不得，雖日撻于下，下畏其刑而不敢違，欲其心服而無辭也，其難矣。或寵其妻，或嬖其妾，或聽其子，或任其所使，既愛之，則必信其邪言，信其邪言，則害於人也多，益於身者無有，苟如此，則名位必僭矣。他人拒其間則不和，順其過則虧禮，❶不正之則上下無章，正之則不得其情，不如己者言之則爲愚，賢於己者言之則爲吾欺，此治家之所以難也。彼人者，豈言其家之不治哉！縱其心而無畏，欲人之於我無違，故及於斯而不知也。然則可改而爲善乎？曰：耳、目、鼻、口、四支、百骸，與聖人不殊也。聖人之道化天下，我獨不能自化，亦足羞也。思其不善而棄之，則百善成，雖希於聖人，猶可也，改爲何有？如不思而肆其心之所爲，則雖聖人，亦無可奈何。

❶「禮」，日本本劉氏校語曰：「『禮』作『理』。」

學可進

百骸之中，有心焉，與聖人無異也；囂然不復其性，惑矣哉！　道其心弗可以庶幾於聖人者，自棄其性者也，終亦亡矣，茫茫乎其將何所如！　冉求非不足乎力者也，畫而止；進而不止者，顏子哉！　噫！　顏子短命，故未到乎仲尼也。　潢汙之停不流也，决不到海矣；河出崑崙之山，其流徐徐，行而不休，終入于海。吾惡知其異於淵之自出者邪？

李文卷第五

文七首

知鳳❶

有小鳥止於人之家，其色青，鳩、鵲鳥之屬咸來哺之。未久，野之鳥羽而蜚者，皆以物至，如將哺之，其蟲積焉。群鳥之鳴聲雜相亂，是鳥也，一其鳴而萬物之聲皆息。人皆以爲妖也。吾詎知其非鳳之類邪？古之説鳳者有狀，或曰如鶴，或曰如山鷄，皆與此不相似，吾安得知其鳳之類邪？

鳳，禽鳥之絶類者也，猶聖人之在人也。吾聞知賢聖人者觀其道，由黄帝、堯、舜、禹、湯、文王，至於孔子、顔回，不聞記其形容有相同者，是未可知也。如其同也，孔子與顔回並立于時，魯國人曷不曰孔之回而顔之丘乎？是可知也。陽虎之狀類孔子，聖人是以畏於匡，不書七十子之服于陽虎也。❷有人焉，其容貌

---

❶ 篇題，《全唐文》作「知鳳説」。

❷ 二「虎」字，疑當作「貨」，因唐人諱「虎」字。陽虎，一名陽貨。

雖如驩兜、惡來，顔回、子路七十二子苟從而師之者，斯爲聖人矣。故曰：知賢聖人者觀其道。似鳳而不見其靈者，山鷄也，則可視其形而鳳之云邪？❶天下之鳥雖鳳焉，鷹、鸇、鶚、鴻，其肯鳳之邪？是鳥也，其形如斯，群鳥皆敬而畏之，非鳳類而何？

鳥至於宋州之野，當貞元十四年。

國馬説

有乘國馬者與乘駿馬者並道而行。駿馬囓國馬之鬉，血流于地，國馬行步自若也，精神自若也，不爲之顧，如不知也。既駿馬歸，芻不食，水不飲，立而慄者二日。駿馬之人以告，國馬之人曰：「彼蓋其所羞也。吾以馬往而喻之，斯可矣。」乃如之，於是國馬見駿馬而鼻之，遂與之同櫪而芻，不終時而駿馬之病自已。

夫四足而芻者，馬之類也；二足而言者，人之類也。如國馬者，四足而芻，則馬也；耳、目、鼻、口，亦馬也；四支、百骸，亦馬也；不能言而聲，亦馬也。觀其所以爲心，❷則人也。故犯而不校，國馬也；過而能改，駿馬也。有人焉，恣其氣以乘人，人容之而不知者多矣。觀其二足而言，則人也；耳、目、鼻、口，亦人也；四支、百骸，亦人也。求其所以爲人者而弗得也。彼人者，以形骸爲人；國馬者，以形骸爲馬。以彼人

---

❶「視」，汲古閣本作「似」。

❷「心」下，《全唐文》有「者」字。

乘國馬，人皆以爲人乘馬，吾未始不謂之馬乘人，悲夫！

截冠雄雞志

翱至零口北，有畜雞二十二者，七其雄，十五其雌，且飲且啄，而又狎乎人。翱甚樂之，遂掬粟投于地而呼之。有一雄雞，人截其冠，貌若營群，望我而先來，見粟而長鳴，如命其衆雞。衆雞聞而曹奔於粟，既來而皆惡截冠雄雞而擊之，曳而逐出之，已而競還啄其粟。日之暮，又二十一其群，栖于楹之梁，截冠雄雞又來，如慕侶，將登于梁且栖焉，而仰望焉，而旋望焉，而小鳴焉，而大鳴焉，而延頸喔咿，其聲甚悲焉，而遂去焉。去于庭中，直上有木三十餘尺，鼓翅哀鳴，飛而栖其樹顛。翱異之，曰：「雞，禽于家者也，備五德者也。其一曰見食命侶，義也，截冠雄雞是也。彼衆雞得非幸其所呼而來耶？又奚爲既來而共惡所呼者而迫之耶？豈不食其利背其惠耶？豈不喪其見食命侶之一德耶？且何衆栖而不使偶其群耶？」或告曰：「截冠雄雞，客雞也，予東里鄙夫曰陳氏之雞焉，死其雌，而陳氏寓之于我群焉。勇且善鬬，家之六雄雞，勿敢獨校焉，是以曹惡之，而不與同其食及栖焉。夫雖善鬬且勇，亦不勝其衆而常孤遊焉，然見食未嘗先啄而不長鳴命侶焉。❶彼衆雞雖賴其召，既至，反逐之；昔日亦由是焉。截冠雄雞雖不見答，然而其迹未曾變移焉。」翱既聞之，惘然感而遂傷，曰：「禽鳥，微物也，其中亦有獨禀精氣，義而介者焉。客雞義勇超乎群，群皆妬

❶ 「不」，《全唐文》作「必」。

而尚不與儔焉，況在人乎哉？況在友朋乎哉？況在親戚乎哉？況在鄉黨乎哉？況在朝廷乎哉？由是觀天地間鬼神、禽獸萬物變動情狀，其可以逃乎？」吾心既傷之。遂志之，將用警予，且可以作鑒于世之人。

題燕太子丹傳後

荆軻感燕丹之義，函匕首入秦，劫始皇，將以存燕，寬諸侯，❶事雖不成，然亦壯士也。惜其智謀不足以知變識機。始皇之道，異於齊桓，曹沫功成，荆軻殺身，其所遭者然也。及欲促檻車，駕秦王以如燕，童子、婦人且明其不能，而軻行之，其弗就也非不幸。燕丹之心，苟可以報秦，雖舉燕國猶不顧，況美人哉！軻不曉而當之，陋矣！

拜　禹　言❷

貞元十五年六月二十九日，隴西李翺敬再拜于禹之堂下，自賓階升，北面立，弗敢歎，弗敢祝，弗敢祈。退降復敬，再拜哭而歸，且歌曰：

惟天地之無窮兮，哀生人之常勤。往者吾弗及兮，來者吾弗聞，已而已而！

❶「寬」，汲古閣本、《全唐文》作「霸」。

❷篇題，《全唐詩》卷三六九作「拜禹歌并序」。

送馮定序

馮生自負其氣而中立，上無援，下無交，名聲未大耀于京師，❶生信無罪。是乃時之人，見之者或不能知之，知之者則不敢言。是以再舉進士，皆不如其心，❷謂生無戚戚，蓋以他人爲解。予聯以雜文罷黜，不知者亦紛紛交笑之，其自負益明，退學書，感憤而爲文，❸遂遭知音成其名。當黜辱時，吾不言其拙也，❹豈無命耶？及既得時，吾又不自言其智也，豈有命邪？故謂生無戚戚。生家貧甚，不能居，告我遊成都。❺成都有岷峨山，合氣于江源，往往出奇怪之士。❻古有司馬相如、揚雄、嚴君平，其人死，至兹千年不聞。生遊成都，試爲我謝岷峨，何其久無人邪？❼其風侈麗奢豪，羈人易留，生其思速出于劍門之艱難，勿我憂也。

---

❶「大」，成化本作「振」。
❷「其」，原作「莫」，今據諸本改。
❸「感」，原作「戒」，今據諸本改。
❹「其」，原作「莫」，今據諸本改。
❺「成」，原作「感」，今據諸本改。
❻「士」，成化本作「人」。
❼「邪」，原作「千」，今據諸本改。

雜說二首

日月星辰經乎天，天之文也。山川草木羅乎地，地之文也。志氣言語發乎人，人之文也。志氣不能塞天地，言語不能根教化，是人之文紕繆也。山崩川涸，草木枯死，是地之文裂絶也。日月暈蝕，星辰錯行，是天之文乖盭也。天文乖盭，無久覆乎上；地文裂絶，無久載乎下；人文紕繆，無久立乎天地之間。故文不可以不慎也。夫毫釐分寸之長，必有中焉；咫尺尋常之長，必有中焉；百千萬里之長，必有中焉；則天地之大亦必有中焉。居之中，則長短、大小、高下雖不一，其爲中則一也。是以出言居乎中者，聖人之文也；倚乎中者，希聖人之文也；近乎中者，賢人之文也；背而走者，蓋庸人之文也。中古以來至於斯，天下爲文，不背中而走者，其希矣。豈徒文背之而已？其視聽識言，又甚於此者矣。凡人皆有耳、目、心、口。耳所以察聲音大小、清濁之異也，目所以别采色朱紫、白黑之異也。心所以辨是非賢不肖之異也，口所以達耳之聰，導目之明，宣心之知，而惇教化，阜風俗，期所以不怍天地人神也。然而，耳不能聽聲，惡得謂之耳歟？目不能别色，❶惡得謂之目歟？心不能辨是非好惡，惡得謂之心歟？口不能宣心之智，導目之明，達耳之聰，惡得謂之口歟？四者皆不能於己質形，虛爲人爾，其何以自異於犬、羊、麋、鹿乎哉？此皆能己而不自用焉，則是不信己之耳、目、心、口，而信人之耳、目、心、口者也。及其師曠之聰，離婁之明，臧武仲之智，宰我

❶「别」，《全唐文》作「辨」。

之言，則又不能信之於己，其或悠然先覺者，必謂其狂且愚矣。昔管仲以齊桓霸天下，攘夷狄，華夏免乎被髮左衽，崇崇乎功亦格天下，溢後世，而曾西不忍爲管仲也，孟軻又不肯爲曾西。向使孟軻、曾西生於斯世，秉其道，終不易，持其道，終不變，吾知夫天下之人從而笑之，又從而詬之，曰：「狂民爾，頑民尔！」是其心惡有知哉？曾西、孟軻雖被訕謗于天下，亦必固窮不可拔以須後聖尔，其肯畏天下之人而動乎心哉？世俗之鄙陋迫隘也如此，夫何敢復言？安得曾西、孟軻而與之昌言哉？

龍與蛇皆食於鳳。龍智而神，其德無方，鳳知其可與皆爲靈也，禮而親之。蛇毒而險，所忌必傷，且惡其得於鳳也，不惟齧龍，雖遇麟龜，固將噬而亡之。鳳知蛇不得其欲，則將恊豺、犬而來吠嘷也，賦之食加于龍。以龍之神浮於食也，將使飽焉，終畏蛇而不能。麟與龜瞠而謳曰：「鳳兮鳳兮，何德之衰，往者不可諫，來者猶可追，已而已而！」既而麟傷于毒，伏于窟，龜屏氣潛于殼，蛇偵龍之寐也，以毒攻其喉，而龍走，鳳喪其助，於是下翼而不敢靈也。

李文卷第六

書四首

答韓侍郎書

還示云：於賢者汲汲，唯公與不材耳。此言取人，得無太寬否？灼然太寬，夫又何疑？此事汲汲，如嗜欲之未得，自以爲勝，苟令君耳目所及，書記所載，未見其比，何意忽然當一時而更有人也？故具於後，以當講學，且自道無愧，兼以爲戲耳。如愚之於人，但患識昏，智不足以察人爲累耳。苟以爲賢，則不要前人相知相識，逢便見機，巧有慧辨，故身雖否塞，而所進達者，不爲少矣。其鑒賞稱頌人物，初未甚信，其後卒享盛名爲賢士者，故陸歙州、韋簡州皆是也。❶好善太疾，智識未精，彼勝於彼，則因而進之，或取文辭，或以言論，或以才行，或以風標，或以政術，往往亦有不稱於前多矣。不可以言其名，然亦未嘗以爲悔也。其中亦有痛與置力，後因禮節不足，或因盡言而詰之，前人既非賢良，遂反相毀損者，亦有其人矣。且龐士

❶「韋」，原作「常」，今據成化本改。

元云：「拔十失五，猶得其半。」真大賢之言也。如鄙人無位於朝，阨摧於時，侕侕惶惶，奔走耻辱，求食不暇，自一千年來，賢士屈厄，未見有如此者。尚汲汲孜孜，引薦賢俊，如朝饑求飧，如久曠思通，如見妖麗而不得親然。若使之有位於朝，或如兄儕得志於時，則天下當無屈人矣。如或萬一有之，若陸歙州、韋簡州之比，猶奔走在泥土，則當引罪在己，若狂若顛，朝雖飢不敢求飧，曠雖久不敢思通，見妖麗閉眼而不觀，❶視遷榮如鞭笞、宮割之在躬，夫又何榮樂而得安然也？不知此心，自古以來，曾有人如是者否？不妨大有聖人排肩而生，❷曾有一賢用心近於此者乎？若古或有之，幸示其人；如或無之，奈何乃言惟公與不材耳！如兄者，頗亦好賢，必須甚有文辭，兼能附己，順我之欲，則汲汲孜孜，無所憂惜，❸引拔之矣。如或力不足，則分食以食之，無不至矣。若有一賢人或不能然，則將乞丐不暇，安肯孜孜汲汲爲之先後？此秦漢間尚俠行義之一豪儁耳！與鄙人似同，而其實不同也。

三五日前，京尹從叔云：「某大官甚知重陸洿。」當時對云：「士所貴人知者，謂名未達則道之，❹家之貧則恤之，身之賤則進之故也。若陸洿之賢章然矣，某官之知既甚矣，某官之位，日見于天子，足以進人矣，開

---

❶「閉」，原作「閑」，今據《全唐文》改。
❷「不妨大」，汲古閣本、《全唐文》作「不知代」。
❸「憂」，《文苑》作「愛」。
❹「達則道」，《文苑》作「聞則導」。

幕辟士，足以招賢矣，而皆未及陸洿！若如此之知，知與不知果同也，若實知，乃反不如不知矣！」京尹不能對也。大凡身當位，得志於時，慎閉口不可以言知人。若知人而不能進，志未得而氣恬體安，不引罪在己，若顛若狂，與夫不知人者何以異也？如離婁與瞽偕行，而同墜溝中，或以無目不見坑而墜，或以心不在行，憂思之病而墜；所以墜則殊，其所以爲墜則同也。天下如瞽者鮮，則其墜者皆離婁也，心不在焉故也。樂道此者，蓋以自勵，非欲刺乎貴富之人。❶當爲再三讀之，以代擊髀而歌焉。某再拜！❷

答獨孤舍人書

足下書中有無見怨懟以至疏索之説，蓋是戲言，然亦似未相悉也。薦賢進能，自是足下公事，如不爲之，亦自是足下所闕，在僕何苦，乃至怨懟。

僕嘗怪董生大賢，而著《仕不遇賦》，惜其自待不厚。凡人之蓄道德才智於身，以待時用，蓋將以代天理物，非爲衣服、飲食之鮮肥而爲也。董生道德備具，武帝不用爲相，故漢德不如三代，而生人受其顛頇，於董生何苦，而爲仕不遇之詞乎？僕意緒間自待甚厚，❸此身窮達，豈關僕之貴賤耶？雖終身如此，固無恨

---

❶ 「貴富」，《全唐文》作「富貴」。
❷ 「某」，《文苑》作「翺」。
❸ 「甚」，原作「其」，今據成化本、《全唐文》改。

也，况年猶未甚老哉！❶

去年，足下有相引薦意，當時恐有所累，猶奉止不爲，何遽不相悉？所以不數附書者，一二年來往還，多得官在京師，既不能周遍，又且無事，性頗慵懶，便一切畫斷，衹作報書。又以爲苟相知，固不在書之疏數，如不相知，尚何求而數書哉？❷惟往還中有貧賤更不如僕者，即數數附書耳。近頻得人書，皆責疏簡，故具之於此。見相怪者，當爲辭焉。

答皇甫湜書

辱書，覽所寄文章，詞高理直，歡悦無量，有足發予者。自別足下來，僕口不曾言文，非不好也，言無所益，衆亦未信，衹足以招謗忤物，於道無明，故不言也。

僕到越中，得一官三年矣，材能甚薄，❸澤不被物，月費官錢，自度終無補益，累求罷去，❹尚未得，以爲愧。僕性不解諂佞，生不能曲事權貴，以故不得齒于朝廷，而足下亦抱屈在外，故略有所説。凡古賢聖得位

---

❶「年」，原作「導」，今據成化本、汲古閣本、《全唐文》改。

❷「哉」，原作「或」，今據《全唐文》改。

❸「甚」，《文苑》作「寡」。

❹「累」，《全唐文》作「屢」。

於時，道行天下，皆不著書，以其事業存於制度，足以自見故也。其著書者，蓋道德充積，阨摧於時，身卑處下，澤不能潤物，耻灰燼而泯，❶又無聖人爲之發明，故假空言，是非一代，以傳無窮，而自光耀於後，故或往往有著書者。

僕近寫得《唐書》，❷史官才薄，言詞鄙淺，不足以發明高祖、❸太宗列聖明德，使後之觀者，文采不及周、漢之書。僕以爲西漢十一帝，高祖起布衣，定天下，豁達大度，東漢所不及。其餘惟文、宣二帝爲優，自惠、景以下，亦不皆明於東漢明、章兩帝。而前漢事跡，灼然傳在人口者，以司馬遷、班固叙述高簡之工，故學者悅而習焉，其讀之詳也。足下讀范曄《漢書》、陳壽《三國志》、王隱《晉書》，生熟何如左丘明、司馬遷、班固書之温習哉？故温習者事跡彰，而罕讀者事跡晦。讀之疏數，在詞之高下，理必然也。唐有天下，聖明繼於周、漢，而史官叙事，曾不如范曄、陳壽所爲，况足擬望左丘明、司馬遷、班固之文哉？僕所以爲耻。當兹得於時者，雖負作者之材，其道既能被物，則不肯著書矣。僕竊不自度，無位於朝，幸有餘暇，而詞句足以稱讚明盛，紀一代功臣、賢士行跡，灼然可傳於後，自以爲能不滅者，不敢爲讓，故欲筆削國史，成不刊之書，用仲尼褒貶之心，取天下公是、公非爲本。群黨之所謂爲是者，僕未必以爲是；群黨之所謂爲非者，僕未必以爲

❶「耻灰燼而泯」，《文苑》、《文粹》、《全唐文》作「耻灰泯而燼滅」。
❷「僕」，原作「漢」，今據諸本改。
❸「明」，《文苑》、《文粹》、汲古閣本作「揚」，近是。

非。使僕書成而傳，則富貴而功德不著者，未必聲名於後；貧賤而道德全者，未必不烜赫於無窮。韓退之所謂「誅奸諛於既死，發潛德之幽光」，是翺心也。

僕文采雖不足以希左丘明、司馬子長，足下視僕叙高愍女、楊烈婦，豈盡出班孟堅、蔡伯喈之下耶？仲尼有言曰：「不有博奕者乎？爲之，猶賢乎已。」僕所爲，雖無益於人，比之博奕，猶爲勝也。足下以爲何如哉？古之賢聖，當仁不讓於師。仲尼則曰：「文王既没，文不在兹乎？」又曰：「予欲無言。」「天何言哉？」孟軻則曰：「予之不遇魯侯，天也；臧氏之子，安能使予不遇乎？」司馬遷則曰：「成一家之言，藏之名山，以俟後聖人君子。」僕之不讓，亦非大過也。幸無怪。某再拜。

答朱載言書 一本作「梁載言」

某頓首：足下不以某卑賤無所可，乃陳詞屈慮，先我以書，且曰：「余之藝及心，不能棄於時，將求知者，問誰可，則皆曰：『其李君乎？』」告足下者，過也；足下因而信之，又過也。果若來陳，雖道德備具，❶猶不足辱厚命，况如某者，多病少學，其能以此堪足下所望博大而深宏者耶？❷雖然，盛意不可以不答，故敢略陳其所聞。

---

❶「德」，原脱，今據《全唐文》補。按，《答獨孤舍人書》有「董生道德具備」一句。

❷「博」，原脱，今據《文苑》、《文粹》、《全唐文》補。

蓋行己莫如恭，自責莫如厚，接衆莫如弘，用心莫如直，進道莫如勇，❶受益莫如擇友，好學莫如改過。此聞之於師者也。相人之術有三：迫之以利而審其邪正，設之以事而察其厚薄，問之以謀而觀其智與不才，賢不肖分矣。此聞之於友者也。列天地，立君臣，親父子，别夫婦，明長幼，浹朋友，六經之旨矣。浩乎若江海，高乎若丘山，赫乎若日火，包乎若天地，掇章稱詠，津潤怪麗，六經之詞也。創意造言，皆不相師，故其讀《春秋》也，如未嘗有《詩》也；其讀《詩》也，如未嘗有《易》也；❷其讀《易》也，如未嘗有《書》也；其讀屈原、莊周也，如未嘗有六經也。故義深則意遠，意遠則理辯，理辯則氣直，氣直則辭盛，詞盛則文工。如山有恒、華、嵩、衡焉，其同者高也，其草木之榮，不必均也；如瀆有淮、濟、河、江焉，其同者出源到海也，其曲直淺深，色黄白，不必均也；如百品之雜焉，其同者飽於腹也，其味鹹酸苦辛，不必均也，此因學而知者也，此創意之大歸也。

天下之語文章，有六説焉。其尚異者，則曰：文章辭句，奇險而已。其好理者，則曰：文章叙意，苟通而已。其溺於時者，則曰：文章必當對。其病於時者，則曰：文章不當對。其愛難者，則曰：文章宜深不當易。其愛易者，則曰：文章宜通不當難。此皆情有所偏，滯而不流，未識文章之所主也。義不深不至於理，言不信不在於教勸，而詞句怪麗者有之矣，《劇秦美新》、王褒《僮約》是也。其理往往有是者，而詞章不能工

❶「道」，《文苑》作「德」。
❷「也」，原脱，今據《全唐文》補。

者有之矣，劉氏《人物志》、❶王氏《中説》、俗傳《太公家教》是也。古之人能極於工而已，不知其詞之對與否、易與難也。《詩》曰：「憂心悄悄，愠于群小。」此非對也。又曰：「遘閔既多，受侮不少。」此非不對也。《書》曰：「朕堲讒説殄行，震驚朕師。」《詩》曰：「菀彼柔桑，其下侯旬，將采其劉，瘼此下人。」此非易也。《書》曰：「允恭克讓，光被四表，格于上下。」《詩》曰：「十畝之間兮，桑柘閑閑兮，行與子旋兮。」此非難也。學者不知其方，而稱説云云。

如前所陳者，非吾之敢聞也。六經之後，百家之言興，老聃、列禦寇、莊周、鶡冠、田穰苴、孫武、屈原、宋玉、孟軻、吴起、商鞅、墨翟、鬼谷子、荀况、韓非、李斯、賈誼、枚乘、司馬遷、相如、劉向、楊雄，皆足以自成一家之文，學者之所師歸也。故義雖深，理雖當，詞不工者不成文，宜不能傳也。文、理、義三者兼并，乃能獨立於一時，而不泯滅於後代，能必傳也。仲尼曰：「言之無文，行之不遠。」子貢曰：「文猶質也，質猶文也，虎、豹之鞟猶犬、羊之鞟。」此之謂也。陸機曰：「怵他人之我先。」韓退之曰：「唯陳言之務去。」假令述笑哂之狀，曰「莞尔」，則《論語》言之矣；曰「啞啞」，則《易》言之矣；曰「粲然」，則《穀梁子》言之矣；曰「攸尔」，則班固言之矣；曰「囅然」，則左思言之矣；吾復言之，與前文何以異也！此造言之大歸。

吾所以不協于時而學古文者，悦古人之行也；悦古人之行者，愛古人之道也。故學其言，不可以不行其行；行其行，不可以不重其道；重其道，不可以不循其禮。古之人相接有等，輕重有儀，列於經傳，皆可詳

---

❶「志」，原作「表」，今據《文苑》、《文粹》改。

引。如師之於門人則名之，於朋友則字而不名，稱之於師則雖朋友亦名之。子曰：「吾與回言。」又曰：「參乎，吾道一以貫之。」又曰：「若由也，不得其死然。」是師之名門人驗也。夫子於鄭，兄事子産；於齊，兄事晏嬰平仲。《傳》曰：「子謂子産有君子之道四焉。」又曰：「晏平仲善與人交。」子夏曰：「言游過矣。」子張曰：「子夏云何？」曾子曰：「堂堂乎張也。」是朋友字而不名驗也。子貢曰：「賜也，何敢望回？」又曰：「師與商也孰賢。」子游曰：「有澹臺滅明者，行不由徑。」是稱於師雖朋友亦名驗也。孟子曰：「天下之達尊三：曰德、爵、年。惡得有其一以慢其二哉？」足下之書：「韋君詞，楊君潛。」足下之德與二君未知先後也。而足下齒幼而位卑，而皆名之。《傳》曰：「吾見其與先生并行，非求益者，欲速成。」竊懼足下不思，乃陷于此。韋踐之與翺書，亟叙足下之善，故敢盡辭，以復足下之厚意，計必不以爲犯，李某頓首。

李文卷第七

書　六　首

論事於宰相書

凡居上位之人，皆勇於進而懦於退，但見己道之行，不見己道之塞，日度一日，以至於黜退奄至，而終不能先自爲謀者，前後皆是也。閣下居位三年矣，其所合於人情者不少，其所乖於物議者亦已多矣。姦邪登用而不知，知而不能去。柳泌爲刺史，疏而不止。韓潮州直諫貶責，諍而不得。道路之人咸曰：「焉用彼相矣。」閣下尚自恕，以爲猶可以輔政太平，雖枉尺猶能直尋，較吾所得者，不啻補其所失，何足遽自爲去就也！竊怪閣下能容忍，❶亦已甚矣。昨日來高枕不寐，静爲閣下思之，豈有宰相上三疏而止一邪人而終不信？閣下天資畏慎，又不能顯辨其事，忍耻署敕，内愧私歎，又將自恕曰：「吾道尚行，吾言尚信，我果爲賢相矣。我若引退，則誰能輔太平耶？」是又不可之甚也！

❶「竊」，原作「切」，今據《文粹》、《全唐文》改。

當貞觀之初，房、杜爲相，以爲非房、杜則不可也。開元之初，姚、宋爲相，以爲非姚、宋則不可也。房、杜、姚、宋之不爲相，亦已久矣。中書未嘗無宰相，然則果何必於房、杜、姚、宋？況道不行，雖臯陶、伊尹將何爲也？房、杜、姚、宋誠賢也，若道不行，言不信，其心所謂賢者，終不敢不進，其心所謂邪者，❶終不敢不辨；而許敬宗、李義府同列用事，言信道行，又自度智力必不足以排之矣，則將自引而止乎？將坐而待黜退乎？尚自恕苟安於位乎？以閣下之明，度之當可知矣。

凡慮己事則不明，斷他人事則明，己私而他人公，勇易斷也。承閣下厚知，受奬擢者不少，能受閣下德而獻盡言者未必多人；幸蒙以國士見目，十五年餘矣，但欲自竭其分耳，聽與怪在閣下裁之而已。

勸裴相不自出征書

三兩日來，皆傳閣下以淄青未平，又請東討，雖非指的，或慮未實，萬一有之，❷只可先事而言，豈得後而有悔。且如房、杜、姚、宋，時政大耀而無武功，郭汾陽、二李太尉，立大勳而不當國政。閣下以舍人使魏博，六州之地歸矣。自秉大政，兵誅蔡州，久而不克，奉命宣慰，未經時而吴元濟生擒矣。使一布衣持書涉河，而王承宗恐懼委命，割地以獻矣。自武德以來，宰相居廟堂而成就功業者，未有其比！是宜以功成身

❶ 兩「謂」字，《文粹》均作「爲」。
❷ 「一」下，《文粹》、《全唐文》有「者」字。

退，養德善守爲意，奈何如始進之士，汲汲於功名，復欲出征，以速平寇賊之爲事耶？自秦、漢以來，亦未嘗有立大功而不知止，能保其終者，即韓侍中親率重兵以壓境矣，田司空深入賊地以立功矣。夫人之情，❶亦各欲成功在己，唯恐居下。顧宰相銜命，領三數書生，指麾來臨，坐而享其功名耶。奪人之功，不可一也；功高不賞，不可二也；兵者危道，萬一旬月不即如志，是坐棄前勞，不可三也。凡三事昭灼易見，豈或事在於己而云未熟邪？伏望試以狂言訪于所知之厚者。意切辭盡，不暇文飾，伏惟少賜省察。翱再拜！

薦士於中書舍人書

前嶺南節度判官、試大理司直、兼殿中侍御史韋詞，處士石洪，明經出身，十五年前曾任冀州糾。前宣歙采石軍判官、試太常寺協律郎路隋，❷江西觀察推官、試秘書郎獨孤朗，右三人先以論薦，一人繼此咨陳。

如韋之才能無方，忠厚可保，翱與南中共更外患，始終若一，此人先爲一二闇人之所排詆，❸聞宰相惑於流言，都無意拔用，如此材能，豈患不達？❹適足以厚其資耳！石洪之賢，優於李渤，身遯而道光，材長

❶「夫」，《文粹》、《全唐文》作「凡」。
❷「采」，原作「來」，今據《全唐文》改。「隋」，《全唐文》作「隨」。
❸「闇」，原作「闇」，今據成化本、《全唐文》改。
❹「患」，原作「可」，今據成化本改。

而器厚，若在班列，必有殊跡。如路隨者，❶以父在蕃中，未敢昏娶，年六度矣，不畜僕妾，居處常如在喪，雖曾、閔復生，❷何以加此？其見解高明，事悉相類。獨孤朗人物材能不後韓休起居，❸比以伯父年高，罷舉歸侍，遂伯父之身，豈非厚於孝而薄於名者耶？凡此四人，材能行義，超越流輩。自二年來，閱除書采擢後進多矣，未見勝之者。或隔以浮言，或限以資叙，賢者自處而不求苟進，在上者無超異之心，因循而不用，則馮唐白首，董生不遇，何足怪哉？

翺以爲宰物之心，患時無賢能可以推引，未聞其以資叙流言而蔽之也。❹天下至大，非一材而所能支；任重道遠，非徇讒狠之心所能將明也。嗟夫，❺翺之説未必果信於兄，兄之言亦未盡行於時，雖殷勤發明，何有成益！但知而不告，則負於中心耳！

謝楊郎中書

月日。鄉貢進士李翺再拜。前者以所著文章獻于閣下，累獲咨嗟，勤勤不忘。翺率性多感激，每讀古

---

❶「者」，原作「首」，今據成化本改。
❷「曾」，原作「魯」，今據成化本、《全唐文》改。
❸「休」，原作「林」，今據《全唐文》改。
❹「其」，原作「莫」，今據諸本改。
❺「夫」，原作「大」，今據諸本改。

賢書，有稱譽薦進後學之士，則未嘗不遥想其人，若與神交，歎息悲歌，❶夜而復明。何獨樂已往之事哉？誠竊自悲也。臨空文，尚慨慕如不足，況親遇厥事，觀厥人哉？幸甚，幸甚！

翱自屬文，求舉有司，不獲者三，栖遑往來，困苦飢寒，踣而未能奮飛者，誠有説也。竊惟當兹之士，立行光明，❷可以爲後生之所依歸者，不過十人焉；其五六人，則本無勸誘人之心，雖有卓犖奇怪之賢，固不可得而知也。其餘則雖或知之，欲爲之薦言於人，❸又恐人之不我信，因人之所不信，復生疑而不自信；❹自信且猶不固，矧曰能知人之固？是以再往見之，或不如其初，三往見之，又不如其再。若張燕公之於房太尉，獨孤常州之於梁補闕者，訖不見一人焉。❺夫如是，則非獨後進者學淺詞陋之罪也，抑亦先達稱譽薦進之道有所不至也。

孔子曰：「舉尔所知。」古君子於人之善，懼不能知，既知之，耻不能譽之，能譽之，耻不能成之。若翱者，窮賤樸訥無所取，然既爲閣下之所知，敢不以古君子之道有望於閣下哉！不宣，翱載拜！

---

❶「歎」，《全唐文》作「太」。
❷「立」，成化本作「文」。
❸「言」，汲古閣本作「賢」。
❹「疑」，原作「凝」，今據成化本、嘉靖本改，此字爲《四部叢刊》描潤致誤。
❺「一」，原作「二」，今據成化本改。

與陸傪書

李觀之文章如此，官止於太子校書郎，年止於二十九，雖有名於時俗，其卒深知其至者果誰哉？信乎天地鬼神之無情於善人，而不罰罪也甚矣。爲善者將安所歸乎？翱書其人贈於兄，贈于兄，蓋思君子之知我也。與李觀平生不得相往來，❶及其死也，則見其文，嘗謂使李觀若永年，則不遠於楊子雲矣。書已之文次，忽然若觀之文亦見知於君也，故書《苦雨賦》綴於前；當下筆時，復得詠其文，則觀也雖不永年，亦不甚遠於楊子雲矣。書《苦雨》之辭既，又思我友韓愈，非茲世之文，古之文也；非茲世之人，古之人也。其詞與其意適，❷則孟軻既没，亦不見有過於斯者。當其下筆時，如他人疾書寫之，誦其文，❸不是過也，其詞乃能如此。嘗書其一章曰《獲麟解》，❹其他可以類知也。窮愁不能無所述，適有書寄弟正辭，及其終，亦自覺不甚下尋常之所爲者，亦書以贈焉。亦惟讀觀、愈之辭，既試一詳焉。❺翱再拜！

---

❶「與李」，《全唐文》作「予與」。
❷「與」，《唐摭言》卷五引作「奥」。
❸「誦其文」，《文粹》無此三字。
❹「解」，成化本作「辭」。
❺「試」，《文粹》作「冀」。

答侯高第二書

足下復書來，會與一二友生飲酒甚樂，故不果以時報。

三讀足下書，感歎不能休。❶非足下之愛我甚，且欲吾身存而吾道光明也，則何能開難出之辭，如此之無愛乎？前書所以不受足下之説而復闢之者，將以明吾道也。吾之道非一家之道，是古聖人所由之道者也。吾之道塞，則君子之道消矣；吾之道明，則堯、舜、文、武、孔子之道未絶於世也。前書若與足下混然同辭，是宫、商之一其聲音也，道何由而明哉？吾故拒足下之辭。知足下必將憤予而復其辭也。

足下再三教我適時以行道。所謂時也者，乃仁義之時乎？將浮沉之時乎？時苟仁且義，則吾之道何所屈焉尔；如順浮沉之時，則必乘波隨流望風高下焉。苟如此，雖足下之見我，且不識矣，況天下之人乎！不脩吾道而取容焉，其志亦不遐矣。故君子非仁與義，則無所爲也。如有一朝之患，古君子則不患也。吾之道，學孔子者也。孔子尚畏於匡，圍於蒲，伐樹於桓魋，逐於魯，絶糧於陳、蔡之間。夫孔子豈不知屈伸之道耶？故賢不肖，在我者也。貴與富，貧與賤，道之行否，則有命焉。君子正己而須之尔，雖聖人不能取其容焉。故孔子謂子路、子貢曰：「《詩》云：『匪兕匪虎，率彼曠野。』吾道非耶，何爲至於此？」子路對曰：「意者吾未仁且智耶，而人之不我信與行也。」子曰：「有是乎？使仁者而必信，安有伯夷、叔齊？使智者而必

---

❶「能」，原脱，今據《文苑》、《文粹》、《全唐文》補。

行，安有王子比干？」子貢對曰：「夫子之道至大，故天下莫能容。盍少貶夫子之道？」子曰：「良農能稼，而不能爲穡；良工能巧，而不能爲順。君子能脩其道，綱而紀之，統而理之，而不能爲容。尔不脩道而求爲容，賜也，而志不遠矣。」謂顔淵，如謂由、賜。顔淵對曰：「夫子之道至大，故天下莫能容。雖然，夫子推而行之，不容何病，不容然後見君子！❶夫道之不脩也，是吾醜也；夫道既已大脩，而世不用，是有國者之醜也。不容何病，❷不容然後見君子！」孔子蓋歎之也。以孔子門人三千，其聖德如彼之至也，而知孔子者，獨顔回尔，其他皆學焉而不能到者也。然則僕之道，天下人安能信而行耶？

足下之言曰：「西伯、孔子何等人也，皆以柔氣污辭，同用明夷也以避禍患，斯人豈浮世邪人乎？」西伯，聖人也，羑里之拘，僅不免焉。孔子，聖人之大者也，其屈厄如前所陳，惡在其能取容於世乎？故曰：危行言遜所以遠害也。其道則尔，❸其能遠之與否而必容焉，則吾不敢知也。非吾獨尔，孔子亦不知也。僕之道窮，則樂仁義而安之者也；如用焉，則推而行之於天下也。何獨天下哉？將後世之人，有得於吾之功者尔。天之生我也，亦必有意矣。將欲愚生民之視聽乎？則吾將病而死，尚何能伸其道也？如欲生民有所聞乎，則吾何敢辭也。然則吾道之行與否皆運也，吾不能自知也，天下人安能害於我哉？

---

❶「不容然後見君子」七字，原無，今據《文苑》、《文粹》補。

❷「不容」，原作「夫子」，今據《文苑》、《文粹》、《全唐文》改。

❸「尔」上，原有「不」字，今據《文苑》、《全唐文》删。

足下又曰：「吾子，夷、齊之道也。」如僕向者所陳，亦足以免矣，故不復有所説。若韓、孟與吾子之於我，心故知我者也。苟異心同辭，皆如足下所説，是僕於天下衆多之人，而未有一知己也，安能動於吾之心乎？吾非不信子之云云者也，信子則於吾道不光矣，欲默默則道無所傳云尔。子之道，子宜自行之者也，勿以誨我！

李文卷第八

書　六首

薦所知於徐州張僕射書

翱再拜。齊桓公不疑於其臣，管夷吾信而霸天下，攘夷狄，匡周室，❶亡國存，荆楚服，諸侯無不至焉；豎刁、易牙信而國亂，身死不葬，五公子争立，兄弟相及者數世。桓公之信於其臣，一道也，所信者賢則德格于天地，功及於後代，不得其人則不免其身，知人不易也。豈惟霸者爲然，雖聖人亦不能免焉。帝堯之時，賢不肖皆立於朝，堯能知舜，於是乎放驩兜，流共工，殛鯀，竄三苗。舉禹、稷、咎繇二十有二人加諸上位，故堯崩三載，四海遏密八音，後代之人，皆謂之帝堯焉。向使堯不能知舜，而遂尊驩兜、共工之黨於朝，禹、稷、咎繇之下二十有二人不能用，則堯將不得爲齊桓公矣，豈復得曰「大哉！堯之爲君也。惟天爲大，惟堯則

❶「匡」，原作「足」，今據成化本、《全唐文》改。

之，蕩蕩乎民無能名焉」者哉！《春秋》曰：「夏滅項，孰滅之。蓋齊滅之，❶曷爲不言齊滅之？爲桓公諱也。《春秋》爲賢者諱，此滅人之國，何賢尔？君子之惡惡也嫉始，善善也樂終；桓公嘗有繼絶存亡之功，故君子爲之諱也。」繼絶存亡，賢者之事也，管夷吾用，所以能繼絶世，存亡國焉耳，豎刁、易牙，則不能也。向使桓公始不用管夷吾，末有豎刁、易牙，❷争權不葬而亂齊國，則幽、厲之諸侯也。始用賢而終身諱其惡，君子之樂用賢也如此。始不用賢，以及其終，而幸後世之掩其過也，則微矣。然則居上位、流德澤於百姓者，何所勞乎？勞於擇賢，得其人，措諸上，使天下皆化之焉而已矣。

兹天子之大臣有土千里者，孰有如執事之好賢不倦者焉！蓋得其人亦多矣，其所可求而不取者，則有人焉。隴西李觀，奇士也，伏聞執事知其賢，將用之，未及而觀病死。昌黎韓愈，得古人之遺風，❸明於理亂根本之所由，伏聞執事又知其賢，將用之，未及，而愈爲宣武軍節度使之所用。觀、愈皆豪傑之士也，如此人不時出，觀自古天下，亦有數百年無如其人者焉。執事皆得而知之，皆不得而用之，翱實爲執事惜焉。豈惟翱一人而已？後之讀前載者，亦必多爲執事惜之矣。

兹有平昌孟郊，貞士也，伏聞執事舊知之。郊爲五言詩，自前漢李都尉、蘇屬國，及建安諸子、南朝二

---

❶「蓋」，原作「益」，今據諸本改。

❷「末」，原作「宋」，今據諸本改。

❸「人之」，原作「文」，今據《全唐文》改。

謝，郊能兼其體而有之。李觀薦郊於梁肅補闕書曰：「郊之五言，其有高處，在古無上；其有平處，下顧二謝。」韓愈送郊詩曰：「作詩三百首，杳默咸池音。」彼二子皆知言者，豈欺天下之人哉？郊窮餓不得安養其親，周天下無所遇，作詩曰：「食薺腸亦苦，强歌聲無歡。出門即有閡，❶誰謂天地寬。」其窮也甚矣。又有張籍、李景儉者，皆奇才也，未聞閣下知之。凡賢人奇士，皆自有所負，不苟合於世，是以雖見之，難得而知也。見而不能知其賢，如勿見而已矣；知其賢而不能用，如勿知其賢而已矣；用而不能盡其材，如勿用而已矣；能盡其材而容讒人之所間者，如勿盡其材而已矣。故見賢而能知，知而能用，用而能盡其材，而不容讒人之所間者，天下一人而已矣。兹有二人焉皆來，其一賢士也，其一常常人也，待之禮貌不加崇焉，❷則賢者行而常常人日來矣，况其待常常人加厚，則善人何求而來哉？

孔子曰：「吾未見好德如好色者。」聖人，不好色而好德者也；雖好色而不如好德者，次也；德與色鈞好之，又其次也；雖好德而不如好色者，下也；最甚，不好德而好色者，窮矣！有人告曰：「某所有女，國色也。」天下之人必將極其力而求之，而無所愛矣。有人告曰：「某所有人，國士也。」天下之人則不能一往而見焉，是豈非不好德而好色者乎？賢者則宜有以别於天下之人矣。孔子述《易》，定禮、樂，删《詩》，序《書》，作《春秋》，聖人也，奮乎百世之上，其所化之者，非其道，則夷狄之人也。而孔子之廟存焉，雖賢者亦

❶ 「閡」，《文粹》及孟郊原詩均作「礙」。

❷ 「崇」，原作「隆」，《文粹》作「崇」，於時李翺當避「隆」字諱，故據改。

不能日往拜之，以其益於人者寡矣。故無益於人，雖孔子之廟，尚不能朝夕而事焉，況天下之人乎？有待於人，而不能得善人良士，則不如無待也。

嗚呼！人之降年，不可與期。郊將爲他人之所得，而大有立於世，與其短命而死，皆不可知也。二者卒然有一於郊之身，他日爲執事惜之，不可既矣。執事終不得而用之矣，雖恨之，亦無可奈何矣。翺窮賤人也，直辭無讓，非所宜至於此者也；爲道之存焉耳，不直則不足以伸道也，非好多言者也。翺再拜。

與淮南節度使書

翺自十五已後，即有志於仁義。見孔子之論高弟，未嘗不以及物爲首，克伐怨欲不行，未得爲仁。管仲不死子糾，復相爲讎，而功及天下，則曰：「如其仁。」曰：「由也果，賜也達，求也藝。於從政乎何有？」然則聖賢之於百姓，皆如視其子，教之仁，父母之道也，❶故未嘗不及於衆焉。

近代已來，俗尚文字，爲學者以抄集爲科第之資，曷嘗知「不遷怒，不貳過」爲興學之根乎？❷入仕者以容和爲貴富之路，曷嘗以仁義博施之爲本乎？由是經之旨棄而不求，聖人之心外而不講，幹辦者爲良

❶「之」，原脱，今據《全唐文》補。

❷「興」，成化本作「典」。

吏，❶適時者爲通賢，仁義教育之風，於是乎掃地而盡矣。生人困窮，不亦宜乎？州郡之亂，又何怪焉？

竊嘗病此，以故爲官不敢苟求舊例，必探察源本，以恤養爲心，以戢豪吏爲務，以法令自檢，以知足自居，利於物者無不爲，利於私者無不誚。比之時輩，亦知頗異；思齊古人，則十曾未及其一二爲恨耳！自到，有改易條上者，亦有細碎侵物，彰從前之失太深，不令條上者，縱未窮盡，亦十去其九矣。唯三兩事，即須使司處置，已有申上者，未蒙裁下，謹具公狀，若或並賜處分，則當州里無弊矣。蓋古人屈於不知己而伸於知己，翺不肖，既已謬蒙十一叔知獎如此，其又何敢不言。翺再拜。

賀行軍陸大夫書

某月日，布衣李翺寄賀書謹再拜大夫閣下：竊聞閣下白宰相，使汴州人執鄧惟恭歸于京師，奏天子處其輕重生死罪。伏覩詔書，捨惟恭死罪，俾永爲黔首于汀州。❷翺九月時上宰相書言政刑，中有詞曰：「親戚懷二，殺之可也。」况懷二且非親戚哉。當是時，惟恭在其位，故不直書而微其詞。然則惟恭之罪，聞知于四方，其孔甚已。嗚呼！乱本既除矣，自兹日厥後，汴、宋、穎、亳人其無事矣。豈汴、宋、穎、亳人而已？

❶「辦」，原作「辨」，今據汲古閣本、《全唐文》改。

❷「汀」，原作「汴」，今據《資治通鑑》卷二三五《唐紀》五十一德宗貞元十三年，十一月「董晉……械惟恭送京師。己未，詔免死，汀州安置」改。

實天下皆受其利。

昔閣下爲建州刺史，人足食與衣，且知廉恥禮義，治平爲天下第一。其爲信州，猶建州也；其爲汝州，猶信州也。汴人苦其政，失其心，十五年矣，久則不易變矣。亦惟閣下孜孜不怠，致汴州猶汝州焉，天下莫不幸甚，而翺則喜樂萬乎世之民！❶所以然者，夫陋巷短褐躬學古知道之人，其所以異於朝廷藩翰大臣、王公、卿士者，口未嘗厭乎肥甘尔，體未嘗焕乎綺紈尔，目未嘗悦乎采色尔，耳未嘗樂乎聲音耳，居處未嘗宿乎華屋尔，出遊未嘗乘乎乘黄尔，禄利未嘗入于家尔，名字未嘗得進于天王尔，其如此而已；至若憂天下之艱難，幸天下之和平，樂天下之人民，得與其身臻乎仁壽，思九夷、八蠻解辮髮、椎髻，同車書文軌，則雖朝廷藩翰大臣、王公、卿士，亦未必皆甚乎陋巷短褐躬學古知道之人者也。若必皆甚焉，則天下之理得日變化，可以如響之應乎聲也。故天地、山川、草木、鱗羽之瑞有一可以爲昇平之符者，時政有一可以教民者，藩屏之臣有一可以長人行化者，則未嘗不私自喜樂也。萬類含育有一傷和平之氣者，夷狄蠻戎之俗有一咈乎道者，時政有一不毗于下民者，則未嘗不私自憂懼也。而况其遠者、大者乎？天下之一善，故不足以喜樂，然多其善，則太平之基，可庶幾乎？天下之一不善，故不足以憂懼，❷然累其不善，則顛覆之形，殆將至也。太平之基，顛覆之形，乃從政者之所喜樂憂懼尔。其爲布衣守道之人不同任，如耳之不司采色文章也。而

❶「萬乎」，《全唐文》作「乎萬」，恐非。

❷「故」，汲古閣本作「固」。

與知之者，士之窮學古知道者，固與夫天下百姓同憂樂，而不敢獨私其心也。翱雖不肖，未嘗瞬息動心而不景行乎此也，是以憂樂萬乎世之民也，❶亦惟少加意焉。翱再拜。

勸河南尹復故事書

某道無可重，每爲閣下所引納，又不隔卑賤，時訪其第，故竊意閣下或以翱爲有所知也。情苟有未安，不宜以默，故詳之以辭。

河南府板牓縣於食堂北梁，每年寫在黄紙，❷號曰「黄卷」，其一條曰：「司録入院，諸官於堂上序立，司録揖，然後坐。」河南，大府，入聖唐來二百年，前人制條，相傳歲久，苟無甚弊，則輕改之不如守故事之爲當也。八九年來，司録使判司立東廊下，司録於西廊下得揖，然後就食，而板條黄卷則如故文焉。大凡庸人居上者以有權令陵下，處下者以姑息取容，勢使然也。前年翱爲户曹，恐不知故事，舉手觸罰，因取黄卷詳之，乃相見之儀，與故事都異。至東知厨黄卷，爲狀白於前尹，判牓食堂。時被林司録入讒，盛詞相毁，前尹拒之甚久，而竟從其請。翱以爲本不作，作則勿休，且執故事争而不得，於本道無傷也，遂入辨焉，白前尹曰：「中丞何輕改黄卷二百年之舊禮，而重違一司録之徇情自用乎？」前尹曰：「此事在黄卷否？」翱對曰：「所

❶「萬乎」，《全唐文》作「乎萬」，恐非。
❷「在」，汲古閣本與《全唐文》無此字。

過狀若不引黄卷故事，是罔中丞也，其何敢？」前尹因取黄卷檢條省之，使人以黄卷示司録曰：「黄卷是故事，豈得責人執守？」當司録所過狀注判云：「黄卷有條，即爲故事，依牓。」當時論者善前尹之能復故事焉。自後翺爲司録所毁，無所不言。前尹相告曰：「公以守官直道糾曹，所傷乃至激横，過朝官於某處揖公，見公公事獨立，且又知毁之所來，故塞耳不聽。」翺慮前尹遷改，來者不知爲誰，終獲戾，故後數十日，以軟脚乞將去官。不五六日，亦幸有敕之除替人，因以罷免。

前日閣下偶説及此，云：「近者緣陸司録之故，却使復兩廊相見之儀。」此義蓋惑閣下聽者，必曰京兆府之儀如此，閣下從事京兆府，習其故而信之焉尔。夫事有同而宜異者，京兆府司録上堂自東門北入，故東西廊相見，得所宜也。河南司録上堂，於側門東入，直抵食堂西門，故舊禮於堂上位立，得所宜矣。若却折向南，是司録之欲自崇，而卑衆官，非所宜也，此事同而宜異者耳。假令司録上堂，由南門北入，河南府二百年舊禮，自可守行，亦不當引京兆府之儀而改之也。況又自側門東入者耶！河南尹，大官也，居之歲久不爲滯。且如故門下鄭相公之德，而居之六年；閣下之爲河南尹亦近，何知未歸朝廷間，亦有賢者未得其所或來爲曹掾者耶？安可棄舊禮使之立於東廊下，夏則爲暑日之所熾曝，冬則爲風雪之所飄洒，無乃使論者以閣下爲待一司録過厚，而不爲將來賢者之謀耶！且此事某前年辨之，因而獲勝，閣下前日亦自言，某不知有側門故也。❶且閣下曹掾，非爲不多，乃無一人執舊禮以堅辨焉，此亦可歎也。

❶「側」，原作「測」，今據諸本改。

夫聖人然後能免小過。竊恐閣下於此事，思慮或有所未至，而官屬等唯唯走退，莫能進言，則誰與閣下爲水火酸鹹少相承者？以大府而苟以自尊者，寡見細人之所行耳。盧司録性甚公方，未必樂此，閣下召問之可也。❶伏望不輕改二百年之舊禮，重惜一時之所未達。意盡詞直，❷無以越職出位言爲罪，幸甚！某再拜。

寄從弟正辭書

知尔京兆府取解，不得如其所懷，念勿在意。凡人之窮達所遇，亦各有時尔，何獨至於賢丈夫而反無其時哉？此非吾徒之所憂也。❸其所憂者何？畏吾之道未能到於古之人尔。其心既自以爲到且無謬，則吾何往而不得所樂，何必與夫時俗之人同得失憂喜而動於心乎？借如用汝之所知，分爲十焉，用其九學聖人之道，而知其心，使有餘以與時世進退俯仰，如可求也，則不啻富且貴矣。如非吾力也，雖盡用其十，祗益勞其心矣，安能有所得乎？汝勿信人號文章爲一藝。夫所謂一藝者，乃時世所好之文，或有盛名於近代者是也；其能到古人者，

❶「可」，原作「目」，今據諸本改。
❷「直」，原作「真」，今據成化本、汲古閣本、《全唐文》改。
❸「徒」，原作「從」，今據諸本改。

則仁義之辭也，惡得以一藝而名之哉？仲尼、孟軻殁千餘年矣，吾不及見其人，吾能知其聖且賢者，以吾讀其辭而得之者也。後來者不可期，安知其讀吾辭也，而不知吾心之所存乎？亦未可誣也。夫性於仁義者，未見其無文也；有文而能到者，吾未見其不力於仁義也。由仁義而後文者，性也；由文而後仁義者，習也。由誠明之必相依尔。貴與富，在乎外者也，吾不能知其有無也，非吾求而能至者也，吾何愛而屑屑於其間哉？仁義與文章，生乎内者也，吾知其有也，吾能求而充之者也，吾何懼而不爲哉？汝雖性過於人，然而未能浩浩於其心，❶吾故書其所懷以張汝，且以樂言吾道云耳。

與翰林李舍人書

翱思逃後禍，所冀存身，惟能休罷，最愜私志，❷從此永已矣，更無健羡之懷。况乞得餘年，退脩至道，上可以追赤松、子房之風，豈止於比二疏、尚平子而已？但舉世好爵禄權柄，具寫此心以告人，人無有少信之者，皆爲不誠之言也。王拾遺是桂州舊僚，頗知此志，若與往來，伏望問之，可知其旨。❸但以常情見待，

❶「於」，原脱，今據《全唐文》補。
❷「私」，原作「利」，今據諸本改。
❸「可知其旨」，原爲墨釘，今據汲古閣本、《全唐文》補。

豈知失時，還有偏尚之士哉？又近日來，兩施子粗得其説，❶未及就正，❷當此時使獲長往，亦足以不愧宗門，不負朋友。

嘗慕張公以不能取容當世，故終身不仕。況向前仕宦，亦以多矣，幸免刑戮，方爾退修，❸與致令名。年已六十有一，比之諸叔父兄弟，爲得年矣。且不知餘年幾何，意願乞取殘年，以脩所知之道。如或有成，是萬世一遇，縱使無成，且能早知止足，高静與三老死於林藪之下，比其終日矻矻耽樂富貴，❹而大功德不及於海内，而卒於位者，所失得，伏計舍人必以辨之矣。

以舍人比他見知，故盡其意焉，若非至誠，亦何苦而强發斯言乎？

---

❶「子」、「其説」，原爲墨釘，今據《全唐文》補。
❷「未及就」，原爲墨釘，今據《全唐文》補。
❸「爾退修」，原爲墨釘，今據《全唐文》補。
❹「其」，原爲墨釘，今據汲古閣本、日本本補。

李文卷第九

表疏七首

論事疏表

臣翱言：臣素陋，幸得守職史官，以記録是非爲事。夫通前古治亂安危之大本者，實史臣之任也。臣雖愚，敢懷畏罪之心，而不脩其職？竊見陛下即位以來，招懷不廷之臣，誅寇賊十餘事，刷五聖之憤耻，爲後代之根本。自古中興之盛，孰有及者？

自臣得奉詔朝謁以來，親見聖德之所不可及，亦已多矣。至如淄青生口夏侯澄等四十七人，皆所宜誅斬者也。陛下知其逆賊所逼脅，質其父母妻子而驅之使戰，其陷惡逆，非其本心，赦而不誅，因詔田弘正隨材任使，其欲歸妻子父母者，縱而不禁。臣竊聞夏侯澄等既得生歸，淄青賊兵聞之，莫不懷陛下好生寬惠之德，而遂無拒戰官軍之心矣。劉悟所以能一夕而擒斬師道者，以三軍之心皆以苦師道而思陛下之德，故能不費日而成大功也。此聖德之所不可及者一也。今歲關中夏麥甚盛，陛下哀民之窮困，特下明詔，❶放夏

❶「特」，原作「時」，今據成化本、《全唐文》改。

税約十萬石，朝臣相顧，皆有喜色，百姓歌樂，遍於草野。此謂聖德之所不可及者二也。❶韓弘獻女樂，陛下不受，却而賜之。昔者魯用孔子，齊人恐懼，遺之女樂，季桓子受之，君臣共觀，而三日不朝，故孔子去魯。陛下超然獨見，遂以歸之。此聖德之所不可及者三也。出李宗奭妻女於掖廷，以莊宅却賜沈遵師，聖明寬恕，億兆欣感者，不可備紀。若下詔出令，一一皆類於此，武德、貞觀不難及，太平可反掌而致矣。

臣以爲定禍亂者，武功也；能復制度興太平者，文德也。非武功不能以定禍亂，非文德不能以致太平。今陛下既以武功平禍亂，定海内，能爲其難者矣。若革去弊事，復高祖、太宗之舊制，用忠正而不疑，屏邪佞而不近，改税法不督犯御名改，下同。錢而納布帛，絶進獻以寬百姓税租之重，厚邊兵以息蕃戎侵掠之患，數引見待制官問以時事，❷以通擁蔽之路。故用忠正而不疑，則功德成；屏邪佞而不近，則視聽聰明；改税法不督錢而納布帛，則百姓足；絶進獻以寬百姓租税之重，則下不困；厚邊兵以息蕃戎侵掠之患，則天下安；數引見待制官問以時事，以通擁蔽之路，則下情達。凡此六者，政之根本，太平之所以興。陛下既以能行其難者矣，又何惜不速其易爲者乎？

以臣伏覩陛下，上聖之姿也。如不惑近習容悦之詞，選用骨鯁正直之臣，與之脩復故事而行之，以興太平，可不勞而功成也。若一日不以爲事，臣恐大功之後，易生逸樂，而群臣進言者，必曰：「天下既以太平

---

❶「謂」，《全唐文》無此字，據下文，近是。

❷「制」下，原衍「之」字，今據《全唐文》删。

矣，陛下可以高枕而爲宴樂矣。」若如此，則高祖、太宗之制度，不可以復矣；制度不復，則太平未可以遽至矣。臣竊惜陛下聖質，當可興之時，而尚謙讓未爲也。

臣謹條疏興復太平大略六事，别白於後。若行此六者，五年不變，臣必知百姓樂康，蕃虜入侍，天垂景星，地湧醴泉，鳳凰鳴於山林，麒麟遊於苑囿。此無他，和氣之所感也。《詩》曰：「先人有言，詢於芻蕘。」伏惟陛下明聖，思博聞天下之事以助政理，故臣敢忘其懦愚而盡忠焉。無任感恩激切之至，謹奉表以聞。臣誠惶誠恐，頓首，頓首。謹言。

疏用忠正

臣聞：國之所以興者，主能信任大臣，臣能以忠正輔主。故忠正者，百行之宗也。大臣忠正，則小臣莫敢不爲正矣；小臣莫敢不爲正，則天下後進之士皆樂忠正之道矣；後進之士皆樂行忠正之道，是王化之本，太平之事也。

今之語者必曰：「知人邪正，是堯舜之所難也，焉得知忠正之人而用之耶？」臣以爲察忠正之人，蓋有術焉：能盡言憂國，而不希恩容者，此忠正之徒也。夫忠正之人，亦各自有黨類，邪臣嫉而讒之必矣，❶且以爲相朋黨矣。夫舜、禹、稷、契之相稱贊也，不爲朋；顏、閔之相往來也，不爲黨。皆在於講道德仁義而已。

❶「矣」，原爲墨釘，今據汲古閣本補。

邪人嫉而讒之，且以爲朋黨，用以惑時主之聽，從古以來，皆有之矣。故蕭望之、周堪、劉向謀退許史，竟爲邪臣所勝。漢元帝不能辨，而終任用邪臣。漢室之衰，始於元帝，此不可不察也。故聽其言能數逆於耳者，忠正之臣也，雖任之，雜以邪佞之臣，則太平必不能成矣。

文宣王曰：「十室之邑，必有忠信如丘者焉。」故忠信之人不難有也，在陛下辨而用之，各以類進之而已。臣故曰：用忠正而不疑，則功德成。

疏屏姦佞

臣聞：孔子遠佞人，言不可以共爲國也。凡自古奸佞之人可辨也，皆不知大體，不懷遠慮，務於利己，貪富貴，固榮寵而已矣。必好甘言諂辭，以希人主之欲。主之所貴，因而賢之；主之所怒，因而罪之；主好利，則獻蓄聚斂剥之計；主好聲色，則開妖艷鄭衛之路；主好神仙，則通燒鍊變化之術。望主之色，希主之意，順主之言，而奉承之。人主悅其不違於己，因而親之，以至於事失怨生而不聞也。若事失怨生而不聞，其危也深矣。自古奸邪之人，未有不如此者也。

然則雖堯、舜爲君，稷、契爲臣，而雜之以奸邪之人，則太平必不可興，而危事潛生矣。所謂奸邪之臣者，榮夷公、費無極、太宰嚭、王子蘭、王鳳、張禹、許敬宗、楊再思、李義府、李林甫、盧杞、裴延齡之比是也。奸佞之臣信用，大則亡國，小則壞法度而亂生矣。

今之語者必曰：「知人邪正，是堯、舜之所難也，焉得知其邪佞而去之耶？」臣以爲察奸佞之人，亦有術焉：主之所欲，皆順不違，又從而承奉先後之者，此奸佞之臣也。不去之，雖用稷、契爲相，不能以致太平矣。故人主之任奸佞，則耳目壅蔽；耳目壅蔽，則過不聞而忠正不進矣。臣故曰：屏奸佞而不近，則視聽聰明。

疏改税法

臣以爲自建中元年初定兩税，至今四十年矣，當時絹一匹爲錢四千，米一斗爲錢二百，税户之輸十千者，爲絹二匹半而足矣。今税額如故，而粟帛日賤，錢益加重，絹一匹價不過八百，米一斗不過五十，税户之輸十千者，爲絹十有二匹然後可，況又督其錢使之賤賣者耶？假令官雜虚估以受之，尚猶爲絹八匹，乃僅可滿十千之數，是爲比建中之初，爲税加三倍矣。雖明詔屢下，哀恤元元，不改其法，終無所救。然物極宜變，正當斯時。推本弊乃錢重而督之於百姓之所生也。錢者，官司所鑄；粟帛者，農之所出。今乃使農人賤賣粟帛，易錢入官，是豈非顛倒而取其無者耶？由是豪家大商，皆多積錢以逐輕重。故農人日困，末業日增，一年水旱，百姓菜色，家無滿歲之食，況有三年之蓄乎？百姓無三年之積，而望太平之興，亦未可也。

今若詔天下，不問遠近，一切令不督見錢，皆納布帛。凡官司出納，以布帛爲准，幅廣不得過一尺九寸，長不過四十尺，比兩税之初，猶爲重加一尺，然百姓自重得輕，必樂而易輸，不敢復望如建中之初矣。行之三五年，臣必知農人漸有蓄積，雖遇一年水旱，未有菜色，父母、夫婦能相保矣。若税法如舊，不速更改，雖神農、后稷復生，教人耕織，勤不失時，亦不能躋於充足矣。故臣曰：改税法，不督錢而納布帛，則百姓足。

疏絶進獻

臣以爲自建中以來，税法不更，百姓之困，已備於前篇矣。

今節度觀察使之進獻，必曰：「軍府羨餘，不取於百姓。」且供軍及留州錢，各有定額，若非兵士闕數不填，及減刻所給，則錢帛非天之所雨也，非如泉之可涌而生也，不取於百姓，將安取之哉？故有作官店以居商賈者，有釀酒而官沽者，其他雜率，巧設名號，是皆奪百姓之利，虧三代之法，公託進獻，因得自成其私，甚非太平之事也。比年天下皆厚留度支錢蓄兵士者，以中原之有寇賊也。今吴元濟、李師道皆梟斬矣，中原無虞，而蓄兵如故，以耗百姓，臣以爲非是也。

若選通達吏事之臣三五人往諸道，❶與其節度使、團練使言，每道要留兵數，以備鎮守，責其兵士見在實數，因使其逃亡不補，自可以每年十銷一矣。告之以中原無事，蕃夷可虞，每道宜配兵若干人，取其衣糧以賜邊兵，而召戰士使邊兵實，則蕃夷不足慮也。

夫錢帛，皆國家之錢帛也，宜作明法以取之是也。若使通達吏事之臣往使焉，雖其將帥之不盡誠者，❷

❶「通」，原脱，今據《全唐文》補。
❷「盡誠」二字，原倒，今據《全唐文》乙正。

亦不敢有所隱矣。今受進獻，則節度使、團練使皆多方刻下爲蓄聚，其自爲私者三分，其所進獻者一分也。是豈非兩税之外，又加税焉。百姓之所不樂其業，而父子、夫婦或有不能相養矣。父子、夫婦不能相養，而望太平之興，雖婦人、女子皆知其未可也。臣故曰：絶進獻以寬百姓税租之重，則下不困。

疏厚邊兵

臣以爲方今中原無事，其慮者蕃戎與北虜而已。議者以爲邊備尚虚，皆可憂矣！

兵法有之曰："不恃敵之不來，恃此之不可勝。"今國家威武達于四夷，其不敢犯邊爲寇，雖已明矣，然蕃戎如犬羊也，安識禮義，而必其不爲寇哉？且去歲犯邊，足以明矣。

臣以爲使緣邊諸節度使特共召戰士十萬人，每歲不過費錢一百萬貫，則邊備實矣。邊上有召戰之聲，達于四夷，四夷心伏，❶不敢爲盜矣。四夷不敢爲盜，邊鄙之人得無兵戰之苦，則京師可高枕而視矣。❷

❶ "伏"，《全唐文》作"服"。
❷ "視"，汲古閣本作"卧"。

李文卷第十

奏議狀六首

百官行狀奏

右，臣等無能，謬得秉筆史館，以記注爲職。夫勸善懲惡，正言直筆，紀聖朝功德，述忠臣、賢士事業，載奸臣、佞人醜行，以傳無窮者，史官之任也。

伏以陛下即位十五年矣，乃元年平夏州；二年平蜀，斬闢；三年，平江東，斬錡；張茂昭，遂得易、定；❶五年，擒從史，得澤、潞、邢、洺、磁；❷七年，田弘正以魏、博六州來受常貢；十二年，平淮西，斬元濟；十三

---

❶「張茂昭遂得易定」，據《新唐書・憲宗本紀》元和五年十月，「張茂昭以易、定二州歸于有司」，韓愈《論捕賊行賞表》云「致張茂昭、張愔，收易、定、徐、泗、濠等五州」，注云「易、定二州，張茂昭所管」，則此文必有脱誤，疑「張」字上脱「致」字，或者下文「五年」二字亦當置于此句之前。

❷「從史得」三字，成化本作「史得」，底本作「史憲誠得」，乃剜改補入者，今據《歷代名臣奏議》所收此文改，「從史」指盧從史。「洺磁」二字，底本空闕一格，今據韓愈《論捕賊行賞表》云「縛盧從史，收澤潞等五州」，祝充注「五州，澤潞邢洺磁」，補入「洺磁」二字。

年，王承宗獻德、棣，入管内租税，❶滄、景除吏；十四年，平淄、青，斬師道，得十二州。神斷武功，自古中興之君，莫有及者。而自元和以來，未著實録，盛德大功，史氏未紀。忠臣、賢士名德，甚有可爲法者；逆臣、賊人醜行，亦有可爲誡者，史氏皆闕而未書，臣實懼焉。故不自量，輒欲勉强而修之。

凡人之事蹟，非大善大惡，則衆人無由知之。故舊例皆訪問於人，又取行狀謚議，以爲一據。今之作行狀者，非其門生，即其故吏，莫不虚加仁、義、禮、智，妄言忠、肅、惠、和。或言盛德大業，遠而愈光；或云直道正言，殁而不朽。曾不直叙其事，故善惡混然不可明。至如許敬宗、李義府、李林甫，國朝之奸臣也，其使門生故吏作行狀，既不指其事實，虚稱道忠信以加之，則可以移之於房玄齡、魏徵、裴炎、徐有功矣。此不惟其處心不實，苟欲虚美於所受恩之地而已，蓋亦爲文者又非遊、夏、遷、雄之列，務於華而忘其實，溺於辭而棄其理。故爲文則失六經之古風，記事則非史遷之實録，不如此，則辭句鄙陋，不能自成其文矣。由是事失其本，文害於理，而行狀不足以取信。若使指事書實，不飾虚言，則必有人知其真僞，不然者，縱使門生故吏爲之，亦不可以謬作德善之事，而加之矣。

臣今請作行狀者，不要虚説仁、義、禮、智、忠、肅、惠、和，盛德大業，正言直道，蕪穢簡册，不可取信，但指事説實，直載其詞，則善惡功跡，皆據事足以自見矣。假令傳魏徵，但記其諫争之詞，足以爲正直矣。如傳段秀實，但記其倒用司農寺印以追逆兵，又以象笏擊朱泚，自足以爲忠烈矣。今之爲行狀者，都不指其

❶「管内」二字，原脱，今據汲古閣本補。按《舊唐書・憲宗紀》：「請獻德棣二州，兼入管内租税。」

事，率以虛詞稱之，故無魏徵之諫争，而加之以正直；無秀實之義勇，而加之以忠烈者，皆是也，其何足以爲據？若考功視行狀之不依此者不得受，依此者乃下太常，並牒史館，太常定謚，牒送史館，則行狀之言，縱未可一一皆信，與其虛加妄言都無事實者，猶山澤高下之不同也。

史氏記録，須得本末，苟憑往例，皆是空言，則使史館何所爲據？伏乞下臣此奏，使考功守行善惡之詞，雖故吏門生，亦不能虛作而加之矣。

臣等要知事實，輒敢陳論，輕黷天威，無任戰越。謹奏。

陵廟日時朔祭議

徵事郎、守國子博士、史館修撰臣李翱等謹獻議曰：

《國語》曰：「王者日祭。」《禮記》曰：「王立七廟，皆月祭之。」《周禮》不載日祭、月祭，惟四時之祭，禴、祠、蒸、嘗。漢朝皆雜而用之。蓋遭秦火，《詩》、《書》、《禮》經燼滅，編殘簡缺，漢乃求之。先儒穿鑿，各伸己見，皆託古聖賢之名，以信其語，故其所記各不同也。古者廟有寢而不墓祭，秦、漢始建寢廟於園陵，而上食焉。國家因之而不改。貞觀、開元禮並無宗廟日祭、月祭之禮，蓋以日祭、月祭既已行於陵寢矣。故太廟之中，每歲五享、六告而已。不然者，房玄齡、魏徵之輩，皆一代名臣，窮極經史，豈不見《國語》、《禮記》有日祭、月祭之辭乎？斯足以明矣。

伏以太廟之享，籩豆牲牢，三代之通禮，是貴誠之義也。園寢之奠，改用常饌，秦、漢之權制，❶乃食味之道也。今朔望上食於陵寢，修秦、漢故事，斯爲可矣。若朔望上食於太廟，豈非用常褻味而貴多品乎？且非《禮》所謂「至敬不享味而貴氣臭」之義也。傳稱：「屈到嗜芰，有疾，召其宗老而囑之曰：『祭我必以芰。』及祭薦芰，屈建命去芰，而用羊饋籩豆脯醢。君子是之。」言事祖考之義，當以禮爲重，不以其生存所嗜爲獻，蓋明非食味也。然則薦常饌於太廟，無乃與薦芰爲比乎？且非三代聖王之所行也。況祭器不設俎豆，祭官不命三公，執事者唯宮闈令、宗正卿而已。謂之上食可也，安得以爲祭乎？且時享於太廟，有司攝事，祝文曰：「孝曾孫皇帝臣某，謹遣太尉臣名，敢昭告于高祖神堯皇帝、祖妣太穆皇后竇氏。時惟孟春，永懷罔極。謹以一元大武、柔毛、剛鬣、明粢薌萁，嘉蔬醴齊，敬修時享，以申追慕，尚享。」此祝詞也。前享七日質明，太尉誓百官於尚書省曰：「某日時享于太廟，各揚其職。不供其事，國有常刑。」凡陪享之官，散齋四日，致齋三日，然後乃可以爲祭也。宗廟之禮，非敢擅議，雖有知者，其誰敢言？故六十餘年，行之不廢。

今聖朝以弓矢既櫜，禮樂爲大，故下百僚，使得詳議。臣等以爲貞觀、開元禮並無太廟上食之文，以禮節情，罷之可也。至若陵寢上食，采《國語》、《禮記》日祭、月祭之詞，因秦、漢之制，修而存之，以廣孝道，可也。如此，則經義可據，故事不遺。大禮既明，永息異論，可以繼二帝、三王，而爲萬代法。與其黷禮越古，貴因循而憚改作，猶天地之相遠也。謹議。

❶「權」，原脱，今據《全唐文》補。

與本使李中丞論陸巡官狀

古人有言：君之視臣如犬馬，則臣之視君如國人；君之視臣如土芥，❶則臣之視君如仇讎。上之所以禮我者厚，則我之所以報者重。故豫讓以衆人報范中行，而漆身吞炭以復趙襄子之讎，其所以待之，各不同也。

閣下既嘗罰推官直矣，又將請巡官狀矣，不識閣下將欲爲能吏哉？將欲爲盛德哉？若欲爲能吏，即故江西李尚書之在江西是也。閣下如此行之，不爲過矣。若欲爲盛德，亦惟不惜聽九九之説，或冀少以裨萬一。閣下既罰推官直，又請陸巡官狀，獨不慮判官輩有如穆生者，見醴酒不設，遂相顧而行乎？陸巡官處分所由，不得於使院責狀科決，而於宅中決，地界虞候，是初仕之未適中也。閣下既與之爲知己矣，召而教之可也；不從，退之可也。若判令通狀，但恐閣下之所失者，無乃大於陸巡官乎？

翺受恩於閣下也深，而與陸巡官之交尚淺，其所深者，誠欲閣下之爲全德也。若信其所言，即伏望使人收取元判，召而語之，闔府賓寮，孰不幸甚！如以爲小生之言，不足聽也，我富貴人也，何爲而不可哉？即敢不惟公命。翺再拜。

---

❶「土芥」，成化本作「糞土」。

與本使楊尚書請停率修寺觀錢狀❶

伏見《修寺疏》，閣下出錢十萬，令使院共出十萬，以造石門大雲寺佛殿。❷ 翺性本愚，聞道晚，竊不諭。閣下以爲斂錢造寺必是耶？ 翺雖貧，願竭家財以助閣下成。如以爲未必是耶，閣下官尊望重，凡所舉措，宜與後生爲法式，安可舉一事而不中聖賢之道，以爲無害於理耶？

天下之人，以佛理證心者寡矣。❸ 惟土、木、銅、鐵，周於四海，殘害生人，爲逋逃之藪澤。閣下以爲，如有周公、仲尼興立一王制度，天下寺觀僧道，其將興之乎？ 其將廢之乎？ 若將興之，是苻融、梁武皆爲仲尼、周公也。若將廢之，閣下又何患其尚寡，而復率其屬合力建置之也？

院中判官，雖副知己之命，然利禄遠仕，亦不以貪也，豈無羈孤親友由未能力及賙之歟？ 何暇出錢以興有損無益之務？ 衆情不厭，但奉閣下之命而爲耳！

拳拳下情，深所未曉，伏惟憫其拙淺，不惜教誨。若閣下所爲竟是，翺亦安敢守初心以從而不爲也。若其所言有合於道，伏望不重改成之事，而輕爲後生之所議論。意盡辭直，無任戰越。

---

❶ 「率」，原脱，今據《全唐文》補。按，下篇篇題有「率」字。

❷ 「雲」，原作「雪」，今據《全唐文》改。

❸ 「證」，成化本作「詮」。

再請停率修寺觀錢狀

率修寺觀錢事，前後已兩度咨聞，伏請停罷。前奉處分云，要與換寺觀家人院蒲葵屋，❶以爲火備。此後任停，既已計料支給訖。後奉處分又云，且更待一兩月者。伏以前件錢於公家無補，但實置税名。公議所非，爲日固久，不厭尚實，但苟思壯麗城池，開化源，❷孰大於此？若閣下尚不改易，則弊終無已，何特愛於此，❸因循未革！

自仲尼既殁，異學塞途，孟子辭而闢之，然後廓如也。佛法害人，甚於楊、墨，論心術雖不異於中土，考較跡實有蠹於生靈。浸溺人情，莫此之甚，爲人上者，所宜抑焉。閣下去年考制策，其論釋氏之害於人者，尚列爲高等，冀感悟聖明，豈不欲發明化源，抑絶小道，何至事皆在己，而所守遂殊？知之不難，行乃爲貴。況使司税額，悉以正名。幸當職司，敢不備舉。

伏見朝廷故事，一人所見，或不足以定是非者，即下都省衆議，則物情獲申，衆務皆理。倘翱見解凡淺，或未允從，院中群公，皆是材彦，伏乞令使院詳議，唯當是從，理屈則伏，不敢徇己，實下情所望。累有塵黷，

---

❶ 「葵」，原作「藿」，今據《全唐文》改。
❷ 「開化」，原作「聞未」，今據汲古閣本、《全唐文》改。
❸ 「特」，原作「時」，今據成化本、《全唐文》改。

無任戰慄。翺再拜。

論故度支李尚書事狀

故度支李尚書之出妻也，續有敕停官，及薨，亦無追贈，當時將謂去妻之狀不直，明白無可疑者，故及此。近見當使采石副使劉侍御，説朝廷公議，皆云李尚書性猜忌，甚於李益，而出其妻，若不緣身病，即合左降。

翺嘗從事滑州一年有餘，李尚書具能詳熟。李尚書在滑州時，收一善歌婦人陶芳，於中門外處之。於後陶芳與主鑰廳子有過，既發，李尚書召問廳子，既實告之，曰：「吾從若父所將若來，故不能杖若。吾非怒而不留，若既犯此，即自於軍中不便，若遠歸父所，愼無他往。」遂斥陶芳于家，而不罪也。當時翺爲觀察判官，盧侍御憲曰：「此事在衆人，必怒而罪之；在中道，即罪之而不怒。大夫雖未足以爲教，然亦可謂難能也。」推此以言，即性猜忌，不甚於河南李少尹詳矣。

劉侍御又説朝廷公議云，李尚書之在滑州也，故多畜媵，遂斷送其妻入京，以遂所欲。翺又能明其不然。李尚書有二子，仕于京師，奏請至滑納妻，德宗皇帝敕奏事軍將張瓘曰：「與卿本使無外，往告卿本使，可令妻及新婦家來就上都爲婚。」亦有手詔。李尚書遂發二新婦及妻入京以奉詔。二男既成婚，其妻遂歸滑州，自陶芳之外，更無妾媵。況李尚書將畜女媵，不假令妻入京。推此以言，即與朝廷公議之不同也如此。

翺以爲古人之逐其臣也，必可使復事君；去其妻也，必可使復嫁。雖有大罪，猶不忍彰明，必爲可辭以去之也。故曾參之去妻也，以蒸梨不熟；孟軻之去妻也，以惡敗；鮑永之去妻也，以叱狗姑前。此皆以事辭而去之也。

李尚書於此二事外猶有他過，即非翺所知也。若公議所責，秖如劉侍御之傳，則翺據所目見而辨也，章然如前所陳矣。凡人家中門内事，外人不可周知，偏信一黨親族之言，以爲公議，即不知是議之果爲公耶？私耶？未可知也。以閣下所聞，倘猶有加於是者，不惜示及。如或秖如前兩説，伏望不重改既往之論，而明之於朝廷。使非實之謗，罷傳説於人間；既没之魂，不銜冤於泉下。幸甚，幸甚！

翺於李尚書，初受顧惠，及其去選也，客主之義，亦不得如初歡矣。兹所陳者，但樂明人之屈而正之耳，伏計不以爲黨。❶ 謹狀。

---

❶「計」，《全唐文》作「冀」。

李文卷第十一

行狀實録三首

故正議大夫行尚書吏部侍郎上柱國賜紫金魚袋贈禮部尚書韓公行狀

曾祖泰，皇任曹州司馬。祖濬素，皇任桂州長史。父仲卿，皇任秘書郎，贈尚書左僕射。公諱愈，字退之，昌黎人。❶生三歲，父殁，養於兄會舍，及長讀書，能記他生之所習。年二十五，上進士第。汴州亂，詔以舊相東都留守董晉爲平章事、宣武軍節度使，以平汴州；晉辟公以行，遂入汴州，得試秘書省校書郎，爲觀察推官。晉卒，公從晉喪以出，四日而汴州亂，凡從事之居者皆殺死。武寧軍節度使張建封奏爲節度推官，得試太常寺協律郎，選授四門博士，遷監察御史。爲幸臣所惡，出守連州陽山令，政有惠於下，及公去，百姓多以公之姓以名其子。❷改江陵府法曹參軍，❸入爲權知國子博士。宰相有愛公文者，將以文學職

❶ 「人」上，原衍「某」，今據《文粹》、《全唐文》删。

❷ 「名」，原作「命」，今據《文苑》改。

❸ 「參」，原脱，今據《文苑》、《全唐文》補。

處公，有爭先者，構公語以非之，公恐及難，遂求分司東都。權知三年，改真博士，入省爲分司都官員外郎，改河南縣令。日以職分辨於留守及尹，故軍士莫敢犯禁。入爲職方員外郎。華州刺史奏華陰縣令柳澗有罪，遂將貶之，公上疏請發御史辨曲直，方可處以罪，則下不受屈。既柳澗有犯，❶公由是復爲國子博士，改比部郎中、史館修撰，轉考功郎中，修撰如故。數月，以考功知制誥。

上將平蔡州，先命御史中丞裴公度使諸軍以視兵，及還，奏兵可用，賊勢可以滅，頗與宰相意忤。既數月，盜殺宰相，又害中丞不克，中丞微傷，馬逸以免，遂爲宰相，以主東兵。自安禄山起范陽，陷兩京，河南、北七鎮節度使，身死則立其子，作軍士表以請，❷朝廷因而與之。及貞元季年，雖順地節將死，多即軍中取行軍副使將校以授之節，習以成故矣。朝廷之賢，恬於所安，以苟不用兵爲貴，議多與裴丞相異；唯公以爲盜殺宰相，而遂息兵，其爲懦甚大。兵不可以息，以天下力取三州，尚何不可，與裴丞相議合。故兵遂用，而宰相有不便之者。月滿遷中書舍人，賜緋魚袋。後竟以他事改太子右庶子。元和十二年秋，以兵老久屯，賊未滅，上命裴丞相爲淮西節度使以招討之。丞相請公以行，於是以公兼御史中丞，賜三品衣魚，爲行軍司馬，從丞相居於郾城。公知蔡州精卒悉聚界上，以拒官軍，守城者率老弱，且不過千人，亟白丞相，請以兵三千人間道以入，必擒吴元濟。丞相未及行，而李愬自唐州文城壘提其卒以夜入蔡州，果得元濟。蔡州既平，

❶ 「柳」，原作「抑」，今據《文苑》、《全唐文》改。
❷ 「士」，原作「於」，今據成化本、《文苑》、《全唐文》改。

布衣柏耆以計謁公。公與語，奇之，遂白丞相曰：「淮西滅，王承宗膽破，可不勞用衆，宜使辯士奉相公書，明禍福以招之，彼必服。」丞相然之。公令柏耆口占《爲丞相書》，❶明禍福，使柏耆袖之，以至鎮州。承宗果大恐，上表請割德、棣二州以獻。丞相歸京師，❷公遷刑部侍郎。

歲餘，佛骨自鳳翔至，傳京師諸寺，時百姓有燒指與頂以祈福者。公奏疏言：自伏羲至周文武時，皆未有佛，而年多至百歲，有過之者。自佛法入中國，帝王事之，壽不能長。梁武帝事之最謹，而國大亂。請燒棄佛骨。疏入，貶潮州刺史，移袁州刺史。百姓以男、女爲人隸者，公皆計傭以償其直而出歸之。入遷國子祭酒。有直講，能説禮而陋於容，❸學官多豪族子，擯之不得共食，公命吏曰：「召直講來，與祭酒共食。」學官由此不敢賤直講。奏儒生爲學官，日使會講，生徒多奔走聽聞，皆相喜曰：「韓公來爲祭酒，國子監不寂寞矣。」

改兵部侍郎。鎮州亂，殺其帥田弘正，征之不克，遂以王廷湊爲節度使，詔公往宣撫。既行，衆皆危之。元稹奏曰：「韓愈可惜。」穆宗亦悔，有詔令「至境觀事勢，無必於入」。公曰：「安有授君命而滯留自顧？」遂疾驅入。廷湊嚴兵拔刃，弦弓矢以逆。及館，甲士羅於庭。公與廷湊、監軍使三人就位，既坐，廷湊言曰：

---

❶「丞」，原作「承」，今據成化本、《全唐文》改。

❷「丞」，原作「承」，成化本同，今據《全唐文》改。

❸「於」，原脱，今據《全唐文》補。

「所以紛紛者，乃此士卒所爲，本非廷湊心。」公大聲曰：「天子以爲尚書有將帥材，故賜之以節，實不知公共健兒語，未嘗及大錯。」❶甲士前奮言曰：「先太史爲國打朱滔，滔遂敗走，血衣皆在，此軍何負朝廷，乃以爲賊乎？」公告曰：「兒郎等且勿語，聽愈言。愈將爲兒郎已不記先太史之功與忠矣！❷若猶記得，乃大好。且爲逆與順，利與病，❸不能遠引古事，但以天寶來禍福爲兒郎等明之。安禄山、史思明、李希烈、梁崇義、朱滔、朱泚、吴元濟、李師道，復有若子若孫在乎？亦有居官者乎？」衆皆曰：「無。」又曰：「令公以魏博六州歸朝廷，爲節度使，後至中書令，父子皆授旌節，子與孫雖在幼童者亦爲好官，窮富極貴，寵榮耀天下。劉悟、李佑皆居大鎮，王承元年始十七亦仗節，此皆三軍耳所聞也。」衆乃曰：「田弘正刻此軍，故軍不安。」公曰：「然汝三軍亦害田令公身，又殘其家矣，復何道？」衆乃讙曰：「侍郎語是！」廷湊恐衆心動，❹遽麾衆散出，因泣謂公曰：「侍郎來，欲令廷湊何所爲？」公曰：「神策六軍之將，如牛元翼比者不少，但朝廷顧大體，不可以棄之耳；而尚書久圍之何也？」廷湊曰：「即出之。」公曰：「若真耳，則無事矣。」因與之宴而歸，而牛元翼果出。及還，❺於上前盡奏與廷湊言及三軍語，上大悦曰：「卿直向伊如此道。」由是有意欲大用之。王

---

❶「嘗」，原爲墨釘，今據《全唐文》補。
❷「將」，《文苑》作「時」。
❸「利與病」，原作「利害」，今據《文苑》、《文粹》、《全唐文》改。
❹「廷」，原作「庭」，今據《全唐文》改。
❺「及」，原作「乃」，今據《文苑》改。

武俊贈太師，呼太史者，燕趙人語也。

轉吏部侍郎。凡令史皆不鎖，聽出入。或問公，公曰：「人所以畏鬼者，以其不能見也，鬼如可見，則人不畏矣。選人不得見令史，故令史勢重，聽其出入，則勢輕。」改京兆尹兼御史大夫，特詔不就御史臺謁，後不得引爲例。六軍將士皆不敢犯，私相告曰：「是尚欲燒佛骨者，安可忤？」故盜賊止。遇旱，米價不敢上。李紳爲御史中丞，械囚送府，使以尹杖杖之，公曰：「安有此？」使歸其囚。是時紳方幸，宰相欲去之，故以臺與府不協爲請，出紳爲江西觀察使，以公爲兵部侍郎。紳既復留，公入謝，上曰：「卿與李紳爭何事？」公因自辨，數日，復爲吏部侍郎。

長慶四年，得病，滿百日假，既罷，以十二月二日卒於靖安里第。

公氣厚性通，論議多大體，與人交，始終不易。凡嫁内外及交友之女無主者十人。幼養於嫂鄭氏，及嫂没，爲之朞服以報之。深於文章，每以爲自揚雄之後，❶作者不出。其所爲文，未嘗效前人之言，而固與之並。自貞元末以至于兹，後進之士，其有志於古文者，莫不視公以爲法。有集四十卷，小集十卷。及病，遂請告以罷。每與交友言既，終以處妻子之語，且曰：「某伯兄德行高，曉方藥，❷食必視本草，年止於四十二。某疎愚，食不擇禁忌，位爲侍郎，年出伯兄十五歲矣，如又不足，於何而足？且獲終於牖下，幸不至失大節，

❶「揚雄」，原作「楊惟」，今據成化本、《全唐文》改。

❷「方」，原作「大」，今據成化本、《全唐文》改。

以下見先人，可謂榮矣。」享年五十七，贈禮部尚書。

謹具任官事跡如前，請牒考功下太常定謚，並牒史館，謹狀。

唐故金紫光禄大夫檢校禮部尚書使持節都督廣州諸軍事兼廣州刺史兼御史大夫充嶺南節度營田觀察制置本管經略等使東海郡開國公食邑二千户徐公行狀❶

曾祖仁徹，隋吉州太和縣丞。祖玄之，皇考功員外郎，贈吏部郎中、諫議大夫。考義，皇汾州司户參軍，贈信州刺史。京兆府萬年縣青蓋鄉交原里東海徐公，年七十一。❷

公諱申，字維降，東海剡人。永泰元年，寄籍京兆府，舉進士，得秘書省正字。❸初辟巡官于江西，又掌書記于嶺南行營，哥舒氏之亂平，奏授大理寺評事，❹轉司直兼監察御史，賜緋魚袋。又充節度判官于朔方，改太子司議郎兼殿中侍御史，選授洪州都督府長史。❺時刺史嗣曹王皋江西兵討李希烈，故以長史行刺史事，任職有成，曹王薦之，遷韶州刺史。四十餘年刺史相循居于縣城，州城與公田三百頃皆爲墟，縣令

❶「嶺」，原作「領」，今據成化本改。

❷「七十一」，《文苑》作「七十」，《全唐文》作「七十二」。

❸「得」，原脱，今據《文苑》補。

❹「寺」，原脱，今據《全唐文》補。

❺「都」上，原衍「大」字，今據《文苑》、《全唐文》删。按，唐於洪州置中都督府。

丞尉雜處民屋。公乃募百姓能以力耕公田者，假之牛犂粟種與食，所收其半與之；不假牛犂者，叄分與貳。田久不理，草根腐，地增肥，又連遇宜歲，得粟比餘田畝盈若干，凡積粟三萬斛。將復築室于州故城，令百工之伎以其藝來者，與粟有差，刺史臨視給與，吏無所行其私，以故人皆便信。應募者數千人，陶人不知墁而塗有餘，圬人不板築而牆有餘，築人不操斤斧而工有餘，陶者、圬者、築者、工者，各以其所能相易，未十旬而城廓、室屋建立如初。刺史以官屬遷于新城，縣令之下各返其室，創六驛，新大市，二道四館，器用皆具。曲江縣五百人以狀詣觀察使，請作碑立生祠。公自陳所爲不足述，假令如百姓言，乃刺史職宜如此，何足多者，不願以小事市名。觀察使嘉其讓，密以狀聞，遷合州刺史。其始來也，詔之人户僅七千，凡六年遷合州，及其去也，❶倍其初之數，又盈四千户焉。

初先夫人殁于江西，遭賊難未克返葬，寓於西原。公不赴合州，表請奉喪歸祔于河南府偃師縣。既滄景觀察使奏請景州刺史，河北之俗，刺史闕，❷其帥輒以其僚屬將校自爲之，不請有年矣。宰相累進刺史名，皆不出。及召公入，言合上旨，遂下詔遷朝散郎使持節景州諸軍事、景州刺史、充本州團練使兼御史中丞，賜紫金魚袋，尋加節度副使。其明年，滄景節度使始朝。二年又朝，遂留，詔以其從父兄代之，奏以公充行軍司馬。公遂以信州府君塋近漕河，表求改葬於重山，詔許之。既徵入京師，遷朝散大夫使持節都督邕

❶「及」，原脱，今據《文苑》補。

❷「河北之俗刺史」六字，原脱，今據《文苑》補。

州諸軍事、守邕州刺史本管經略招討使，御史中丞，賜紫如初。是歲貞元十七年也。❶詰俚盜，除其暴，掠良聚攻，禁下如令。通蠻夷道，責土貢，大首領黄氏帥其屬納質供賦。黄氏、周氏、韋氏、儂氏，皆群盜也。黄氏之族最强，盤亘十數州，周、韋氏之不附之也，❷率群黄之兵以攻之，而逐諸海。黄氏既至，群盜皆服，於是十三部二十九州之蠻寧息，無寇害。

其明年，制遷使持節都督廣州諸軍事，守廣州刺史兼御史大夫，充嶺南節度觀察處置本管經略等使，散官賜如故。❸前節度使殁，掌印吏盜授人職百數，謀夜發兵爲亂，事覺奔走。公至，陰以術得首惡殺之，不問其餘，軍中以安。蠻夷俗相攻劫群聚，緣道，發輒捕斬，無復犯者。蕃國歲來互市，奇珠、瑇瑁、異香、文犀皆浮海舶以來，常貢是供，不敢有加，舶人安焉，商賈以饒。

二十一年，進階銀青光禄大夫。元和元年，詔加金紫光禄大夫檢校禮部尚書，封東海郡開國公，食邑二千户，餘如故。詔書未至，有疾薨于位。

凡三佐藩屏之臣，五爲刺史，一爲經略使，一爲節度觀察使。階累升爲金紫光禄大夫，爵超進爲開國公，官亟遷爲禮部尚書。其事業皆足以傳示後嗣，爲子孫法。享年七十，雖不登於上壽，❹儒者榮之。前夫

❶「貞」，原作「正」，係宋人避諱改字，今回改。
❷「韋」，《文苑》作「儂」。
❸「賜」，原脱，今據《文苑》、《全唐文》補。
❹「登」，《文苑》作「極」。

人渤海高氏，子皆夭。後夫人扶風竇氏，封國夫人，有子元弼，前右衛倉曹參軍，以讀書屬文爲業。

謹具歷官行事如前，伏請牒太常編録。謹狀。

皇祖實録

公諱楚金，諮議詔第二子。明經出身，初授衛州參軍，又授貝州司法參軍。夫人清河崔氏，父球，兖、鄆、懷三州刺史。公伯兄惟慎，太原府壽陽縣丞，性曠達樂酒，不理家産，每日賫錢一千出游，求飲酒者，必盡所賫然後歸。其飲酒徒，善草隸書，張旭其人也。公事壽陽如父在，每事必請於壽陽，壽陽曰：「汝年亦長矣，若都不能自治立然，每事必擾我何爲？」公曰：「不請非不能爲此也，不滿乎人心。」其請如初。

及在貝州，刺史嚴正晦禁官吏於其界市易所無，公至官之日，養生之具皆自衛州車以來，又以二千萬錢入，曰：「吾食貝州水而已。」及正晦黜官，百姓舊不樂其政，將俟其出也，群聚號呼，斃之以瓦石，揚言無所畏忌。録事參軍不敢禁，懼謂公曰：❶「若之何！」公曰：「録事必不能當，請假歸。」攝録事參軍斯可矣。」乃如之。公告正晦曰：「君以威强不便於百姓，百姓俟使君行，加害於使君；使君更期出，其爲使君任其患。」於是集州縣小吏得百餘人，皆持兵，無兵者持朴，埋長木於道中，令曰：「使君出，百姓敢有出觀者，杖殺大木下。」及正晦出，百姓莫敢動。或曰：「刺史出，可作矣，如李司法何？」貝州震恐。後刺史至，委政於公，

❶ 「公」，原作「所」，今據成化本、《全唐文》改。

奸吏皆務以情告，不敢隱，貝州於是大理。

壽陽之夫人鄭氏，賢知於族，嘗謂壽陽曰：「某觀叔賢於君，❶某之質不敢與叔母至高下，君之家和，子孫必有興者。」壽陽之第一子爲户部侍郎，初户部氏兄弟五人，妹一人，其喪母也，皆幼，公每日必抱置膝上，或泣而傷。諸姪之安于叔母也，如未失母時。

有子三人，❷曰某，祗承父業，不敢弗及。夫人清河崔氏，能以柔順接于親族，其來歸也，皆自以爲己親焉。

翺生不及祖，❸不得備聞其景行。其貝州事業親受之於先子，❹其餘皆聞之於户部叔父。伏以皇祖之爲子弟時，若不能自任也，及涖官行事，其剛方不同也如此，❺其行事皆可以傳於後世，爲子孫法。蓋聞先祖有善而不知，❻不明也；知而不傳，不仁也。翺欲傳，懼文章不足以稱頌道德，光耀來世，是以頓首願假辭於執事者，亦惟不棄其愚而爲之傳焉。

---

❶「某」，原作「其」，今據諸本改。
❷「子」，原作「乎」，今據《全唐文》改。
❸「祖」，原作「在」，今據《全唐文》改。
❹「受」，原作「授」，今據《全唐文》改。
❺「其剛方不同也」，《全唐文》作「則剛勇不回也」。
❻「祖有」，原作「有祖」，今據成化本、《文粹》、《全唐文》乙正。

李文卷第十二

碑傳四首

高愍女碑

愍女姓高，妹妹名也。生七歲，當建中二年，父彦昭以濮陽歸天子。前此逆賊質妹妹與其母、兄，而使彦昭守濮陽。及彦昭以城歸，妹妹與其母、兄皆死。其母李氏也，將死，憐妹妹之幼無辜，請獨免其死，而以爲婢于官，衆皆許之。❶妹妹不欲，曰：「生而受辱，不如死！母、兄且皆不免，何獨生爲？」其母與兄將被刑，咸拜于四方，妹妹獨曰：「我家爲忠，宗黨誅夷，❷四方神祇尚何知？」問其父所在之方，西嚮哭，再拜，遂就死。

明年，太常謚之曰「愍」。當此之時，天下之爲父母者聞之，莫不欲愍女之爲其子也；天下之爲夫者聞

❶「衆」，原脱，今據《文粹》、《全唐文》補。
❷「黨」，《文粹》作「族」。

之，莫不欲愍女之爲其室家也；天下之爲女與妻者聞之，莫不欲愍女之行在其身也。昔者曹娥思盱，自沉于江；獄吏噂囚，章女悲號；思啫其兄，作詩《載馳》；緹縈上書，乃除肉刑。彼四女者，或孝或智，或義或仁。❶ 噫此愍女，厥生七年，天生其知，四女不倫。❷ 向遂推而布之於天下，其誰不從而化焉！雖有逆子必改行，雖有悍妻必易心；賞一女而天下勸，亦王化之大端也。異哉！愍女之行，而不家聞户知也。貞元十三年，翱在汴州，彦昭時爲潁州刺史，昌黎韓愈始爲余言之。余既悲而嘉之，於是作《高愍女碑》。

楊烈婦傳

建中四年，李希烈陷汴州，既又將盜陳州，分其兵數千人抵項城縣，蓋將掠其玉帛，俘纍其男女，以會于陳州。

縣令李侃不知所爲，其妻楊氏曰：「君縣令，寇至當守；力不足，死焉，職也。君如逃，則誰守？」侃曰：「兵與財皆無，將若何？」楊氏曰：「如不守，縣爲賊所得矣，倉廩皆其積也，府庫皆其財也，百姓皆其戰士也，國家何有？奪賊之財而食其食，重賞以令死士，其必濟。」於是召胥吏、百姓于庭，楊氏言曰：「縣令誠

❶「或義或仁」，《文苑》作「或仁或義」，近是。
❷「倫」，《文粹》作「備」。

主也，雖然，歲滿則罷去，非若吏人、百姓然。吏人、百姓，邑人也，墳墓存焉，宜相與致死以守其邑，忍失其身而爲賊之人耶？」衆皆泣，許之。乃徇曰：「以瓦石中賊者，與之千錢；以刀矢兵刃之物中賊者，與之萬錢。」得數百人，侃率之以乘城，楊氏親爲之爨以食之，無長少，必周而均。使侃與賊言曰：「項城父老，義不爲賊矣，皆悉力守死。得吾城，不足以威，不如亟去；徒失利，無益也。」賊皆笑。有蜚箭集于侃之手，侃傷而歸。楊氏責之曰：「君不在，則人誰肯固矣！與其死于城上，不猶愈於家乎？」侃遂忍之，復登陴。項城小邑也，無長戟勁弩、高城深溝之固，賊氣吞焉，率其徒將超城而下。有以弱弓射賊者，中其帥，墜馬死。其帥，希烈之壻也。賊失勢，遂相與散走，項城之人無傷焉。刺史上侃之功，詔遷絳州太平縣令，楊氏至兹猶存。

婦人、女子之德，❶奉父母、舅姑，盡恭順，和於娣姒，❷於卑幼有慈愛，而能不失其貞者，則賢矣。辨行列、❸明攻守勇烈之道，此公卿、大臣之所難。厥自兵興，朝廷寵旌，守禦之臣，憑堅城深池之險，儲蓄山積，貨財自若，冠胄服甲，負弓矢而馳者，不知幾人；其勇不能戰，其智不能守，其忠不能死，❹棄其城而走者，有

---

❶「婦人」上，《文苑》、《文粹》有「人之受氣於天，其何不同也」一句。

❷「娣」，原作「姊」，今據《文粹》、《全唐文》改。

❸「辨」上，《文苑》、《文粹》、《全唐文》有「至於」二字。「列」，《文粹》、《全唐文》作「陣」。

❹「其勇」至「能死」，成化本作「其勇不能以守，其忠不能以死」。

矣！彼何人哉？若楊氏者，婦人也。孔子曰：「仁者必有勇。」楊氏當之矣。

贊曰：凡人之情，皆謂後來者不及於古之人。賢者古亦稀，❶獨後代耶？及其有之，與古人不殊也。若高愍女、楊烈婦者，雖古烈女，其何加焉？

予懼其行事湮滅而不傳，故皆敘之，將告於史官。

故東川節度使盧公傳

盧坦字保衡，河南人。父巒，贈鄭州刺史。坦少孤，初任韓城縣尉，歷宣城、鞏、河南三縣尉。其吏河南，❷知捕賊，杜黄裳爲河南尹，謂坦曰：「某家子與惡人游，破舊產，❸盍爲捕賊，盍使察之？」坦對曰：❹「凡居官終始廉白，衹入俸錢者，雖歷大官，亦無厚畜以傳。其能多積財者，必剥下以致。如其子孫善守之，是天富不道人之家也。不若恣其不道，以歸於人。」坦以爲宜，故不使察。」黄裳驚視，因使升就堂坐，自此日加重。及黄裳爲吏部侍郎，將授以太常博士，會鄭滑節度使李復表請爲判官，得監察御史。薛盈珍爲監軍

❶「古」上，《文苑》、《文粹》、《全唐文》均有「自」字。

❷「吏」，原作「更」，今據成化本、光緒本、《文苑》、《全唐文》改。

❸「舊」，《文苑》作「家」。

❹「對」，成化本作「仰」。

使，累侵軍政，坦每據理以拒之，盈珍嘗言曰：「盧侍御所言皆公，我故不違也。」

有善吹笛者，大將十餘人同啓復，請以爲重職。坦適在復所，復問曰：「衆所請，可許否？」坦笑曰：「大將等皆久在軍，積勞亟遷，以爲右職，❶奈何自薄，欲與吹笛少年同爲列耶？」復告諸將曰：「盧侍御言是也。」大將慚，遽走出，就坦謝，且曰：「向聞侍御言，某等羞媿汗出，恨無穴可入。」李復病甚，盈珍以甲士五百人入州城，人皆恐駭，坦遽止之，盈珍不敢違。復卒，盈珍主兵事，制以姚南仲代，盈珍方會客，言曰：「姚大夫書生，豈將材也？」坦私謂人曰：「姚大夫外雖柔，中甚剛，又能斷，監軍若侵，必不受，禍自此萌矣。若從公喪而西，必遇姚大夫，吾懼爲所留以及禍。」遂潛去。姚果以牒來請，終以不逢得解。及盈珍與姚隙，從事多黜死者。

王緯觀察浙西，兼鹽鐵使，請坦爲轉運判官。及李錡代，請如初。轉殿中侍御史，錡所行多不循法，坦每争之，詞切深，聽者皆爲之懼。累求去不得，凡在錡府七年，官不改。錡惡狀滋大，坦慮及難，又非可以力争，遂與裴度、李約、李陵繼以罷去。後數年，詔追錡入，錡遂扇兵士殺留後以留己，因發兵取宣州，爲其將所擒，送斬死。

順宗皇帝寢疾，王叔文居翰林，決大政，天下懍懍。坦説宰相韋執誼，速白立皇太子，以樹國本，執誼深納其言，將以爲殿中侍御史。時御史中丞亦以爲請。王叔文使人請坦，將以爲員外郎，知楊子留後，❷坦假

❶ 「爲」，成化本作「及」。

❷ 「楊子」，《文苑》作「揚州」，近是。

他詞不受，叔文不悦，故事皆不行。及王叔文貶出，坦遂爲殿中侍御史。權德輿爲户部侍郎，請爲本司員外郎，尋轉庫部，兼侍御史知雜事。未久，遷刑部郎中，知雜事如故。赤縣尉有爲御史臺所按者，京兆尹密救之，上使品官釋之。坦時在宅，臺吏以告，坦白中丞，請覆奏然後奉詔。品官遂以聞，上曰：「吾固宜先命所司。」遂使宣詔乃釋。數月，遷御史中丞，賜紫衣，分司東都，尋歸西臺。

初，上禁絶罷鎮節度使等獻財貨，載於赦條。時山南節度使柳晟、浙東觀察使閻濟美皆罷鎮有所獻，坦劾奏之，晟、濟美皆白衣待罪。上召坦謂曰：❶「柳晟、閻濟美所獻皆家財，非刻下，卿勿劾！」坦對曰：「陛下所以布大信於天下者，赦令是也。❷且兩臣首違詔，臣職當舉奏，陛下不可以失大信于天下。」上曰：「朕既受之矣，如何？」坦曰：「出歸有司，以明陛下之德。」上善之，竟爲宰相所寢。

李錡之誅，有司將自淮安王之下墳墓皆毁之，宰相不敢言。坦奏曰：「李錡與國同族，其反逆不道，身既斬死，並殺其子，罪塞矣。若將追毁祖父墳墓，臣以爲不可。淮安王有佐命之功，且國貞又死王事。漢誅霍禹，不毁霍光之墳；房遺愛伏誅，罪不追於玄齡。此前代及聖朝之故事也。《康誥》曰：『父子兄弟，罪不相及。』若將易之，無乃罪及良臣，且傷大體乎？」上改容，曰：「非卿言，何由知！」遂命停毁，仍禁樵採，給五户守淮安王之墳，以示不忘其功。上策賢良方正之士，有懷書策入者，將深罪之。坦奏言：「四方不明知

❶「謂」，原作「對」，今據汲古閣本改。
❷「赦」，成化本作「執」。

所犯，必以爲策詞抵忤，宜輕其責。」上從之。

江陵節度使裴均入爲僕射，❶行香時，將處諫議常侍之上，坦引故事及姚南仲近例以爲證，裴均怒曰：「姚南仲何足爲例耶？」坦應曰：「姚僕射但不是敕使耳，何不足以爲例也？」遂爲均所排，改左庶子。坦初爲殿中，當杜黄裳爲相，故累遷，凡二十有三月而至中丞，及居官守道，正言日聞，而人忌其遷之速。❷數月，宰相裴垍白以爲宣、歙、池等州都團練觀察處置等使兼御史中丞、宣州刺史。劉闢反逆，其壻蘇强坐誅死，强兄弘爲晉州從事，自免歸，人莫敢用。坦奏言：「蘇弘有才行，其弟强坐劉闢反誅，弘與强相去三千里，必不通謀，以强廢弘，非陛下惜材之意。」❸因請弘以爲判官。上曰：「假令蘇强當時不就誅，尚宜隨材而任之，況在其兄耶！」遂得請。及在宣州，江淮大旱，米價日長，或説節其價以救人，坦曰：「宣州地狹，穀不足，皆他州來，若制其價，則商不來矣。價雖賤，如無穀何？」後米斗及二百，商人舟米以來者相望，坦乃借兵食，多出於市，以平其直，人賴以生。當塗縣有渚田久廢，❹坦以爲，歲旱，苟貧人得食取傭，可易爲功。於是渚田盡闢，藉傭以活者數千人。又以羨錢四十萬代税户之貧者，故旱雖甚，而人忘災。

❶「陵」，原作「寧」；「均」，原作「垍」，今均據《文苑》改，下同。按，《新唐書·裴均傳》載均嘗爲荆南節度使。

❷「忌」，成化本作「忘」。

❸「意」，原作「志」，今據《文苑》改。

❹「塗」，原作「途」，今據《全唐文》改。

五年冬，遷刑部侍郎，充諸道鹽鐵轉運使，減冗職八十員，自江之南補置付之，院監使無所與。數月，轉户部侍郎，判度支。坦歷更重位，以朝廷是非大體爲己務，故多所陳情。或上封告。泗州刺史薛謇爲代北水運使時，畜馬四百匹，有異馬不以獻者，事下度支，乃使巡官往驗之，未反，上遲之，使品官劉泰昕按其事，坦上陳，以爲「陛下既使有司驗之，又使品官往，豈大臣不足信於品官乎？臣請先罷免」。疏三奏，上是之，遂追劉泰昕。舊賦於州郡者，或非土地所有，則厚價以市之他境，坦悉條奏，各去其所無。罷宣歙度支米，❶收其價以移之於湖南。免江南鹿腊，配之鄜、汝州。以韓重華爲代北水運使，開廢田，列栅二十，益兵三千人，歲收粟二十萬石。

八年，西受降城爲河所壞，城使周懷義上言宰相，議徙天德故城。坦以受降城張仁願所作，❷城當磧石，得制北狄之要，若避河流，宜退三數里，其費不多。天德故城北倚山，去河甚遠，失制虜要地，非便。因使水運使察視遠近利病，以圖進。上使品官强文彩覆之，文彩言與坦合，❸上召坦使條陳，將行之，竟爲宰相所奪。乃出坦爲劍南東川節度使。周懷義數月憂卒，燕重盰代其位，遂移天德故城，軍士歸怨，因殺重盰，屠其家。

---

❶「度」，成化本作「旨」。

❷「願」，原作「亶」，今據《文苑》改。按，《舊唐書·盧坦傳》作「張仁願」。

❸「彩」，原作「采」，今據上句及《全唐文》改。

初坦與宰相李絳議論多合，絳藉以爲己助。及坦出半歲而絳罷。坦至東川，奏罷兩稅外山澤、鹽井、擢率之籍，❶夷人歌之。綿、劍二州有通文、成州路，❷每歲奏發二千兵以防西蕃，其實不過一二百人，坦乃奏於衝地置戍鎮之。上誅蔡州，詔發兵二千人於安州，每朔望使人問其父母妻子，其有疾者與之藥，故兵士皆感恩而無逃者。及薨，贈禮部尚書。

❶「奏」，成化本作「盡」。
❷「綿」，原作「錦」，今據成化本、《文苑》改。

李文卷第十三

碑述三首

唐故特進左領軍衛上將軍兼御史大夫平原郡王贈司空柏公神道碑

柏氏系自有周，叔虞封晉，其支子有受邑於伯爲菜地者，❶因以爲姓。後世生宗，宗以直顯。景公、厲公之時，三郄惡宗，共譖殺之。其客畢陽，以其子州黎奔楚。於是改伯爲柏。及漢有鴻者，由議郎爲魏郡守，子孫家焉，故爲魏郡也。有季纂者，入唐爲工部尚書，生敬仁，爲蘄州長史；生謇，爲河南永寧令，贈大理少卿；生造，爲懷之獲嘉令，即公之父也。

公諱良器，字公亮。生十二年，安禄山陷東郡，獲嘉守縣印，不去，爲賊將所害。公既免喪，懷平賊志，❷乃學擊劍，依父友王奐。奐嘗曰：「汝額文似李臨淮，面黑子似顔平原，其必立。」臨淮即太尉光弼也。

❶「菜」，《全唐文》作「采」。二字通。

❷「賊」，原脱，今據《全唐文》補。

年十七，得汝州龍興尉，王奐從事太尉府，薦之，太尉召與言，遂授以兵，使平安越之盜。累授左武衛中郎將，以所將兵隸於浙西。廣德歲中，盜陷江東十州，公帥所將兵來婺州，功多，進左武衛將軍。平方清於洞中，賜錢五百萬；破張三霸海上，改左金吾衛將軍，爲都知兵馬使。

大曆初，潘獰虎據小傷，胡參據燕里，江東大擾。公將卒三千人、騎五百人與戰，皆破之，斬首三千級，執俘一千人，詔加檢校光禄大夫兼蘇州别駕，又加左羽林大將軍。試殿中監察御史李栖筠問公年，對曰：「二十有四。」「戰陣幾何？」曰：「六十有二。」李公歎曰：「相識甚近，得公甚深，勉哉！」公泣涕謝曰：「遭時喪亂，父死家破，誓棄性命以除寇讎，私志未立，豈敢望爲明公之所知哉！」

建中初，嘗至京師，宰相楊炎召之語，公因言兩河有事，職税所辦者，❶唯在江東，李道昌無政，宜速得人以代之。炎許諾。其冬，遂并宣、越與浙西以爲一，而以晉州刺史韓滉代道昌焉。及德宗如梁州，李希烈陷汴州，逐李勉，遂僭帝號，寇陳州，圍宋寧陵，滉使公將卒萬人救陳并寧陵。是時，劉玄佐敗于白塔，收其卒保宋州，使將高彦昭守寧陵，❷希烈擁水灌其南，築埇道親臨其北，令軍中曰：「明日日中陷城。」公聞之，厲所將兵，成陣以進，恐城陷不及，使弩手善游者五百人，沿汴渠夜進，去城數里，没於水中，遂得入。及旦，賊驅勇卒登城，城中伏弩悉發，皆貫人斃。其後希烈始知救兵得入，殺守將，因罷去。將昌集城中人哭曰：

❶「辦」，原作「辨」，今據汲古閣本、《全唐文》改。

❷「高」，原作「王」，成化本空闕，今據《資治通鑑補》卷二三〇改。

「向非浙西救至，❶則此城已屠矣。」遂拔襄邑，收漳口，宋州由是獲全。李希烈遂失汴州，奔於蔡。詔封平原郡王，食邑三千户，特進兼御史中丞。貞元二年淮西平，詔曰：「休勳茂伐，書于竹帛。戎籍乃爲裨將副，非所以褒功寵德也。其以爲左神策軍將軍知軍事，兼官如故。」

五年，詔與太尉晟、侍中瑊等三十六人圖形於凌煙閣，上親御，即其形而贊之。八年，遷大將軍。士卒之在市販者，悉揮斥去，募勇者代之，故爲所監者不悦。明年，公之故人有犯禁宿於望仙門者，衛使奏言，遂轉右領軍衛大將軍，所監者乃用其衙將魏循代爲將軍，自是軍中之政不復在於將軍矣。

十五年，兼英武將軍使。十八年，遷左領軍兼御史大夫。十九年閏十月，以疾卒，年六十一，天子爲之廢朝，贈陝州大都督。明年，葬于万年畢原。夫人康氏先殁，後始附葬。有子曰元封，爲蔡州刺史。曰耆，爲諫議大夫。曰元鳳，爲澄城主簿。曰夔，爲襄州參軍。三女皆幼。以元封及耆累贈爲司空，夫人追封魏國太夫人。

初公與王栖曜、李長榮皆事韓晉公，栖曜至鄜坊，長榮至河陽澤潞，皆擁節有土。公自少則戮力破賊，及壯，解寧陵猗杖之圍，希烈之所以兵不及于宋，而江東以全者，實公之所爲也。功最高，位獨以不副。克生良子，能大厥家。

---

❶「救」，原作「放」，今據諸本改。

大和元年，翱自廬以諫議大夫徵，路出于蔡，元封泣拜，且曰：「先公之碑未樹，教後嗣其果有辭俟也，❶公不可聽。」乃銘曰：

公生十二，未壯家毁，誓殄父讐，不恡勇死。釋官就軍，焯有其勛，擒兇盗平，威明顯聞。人誰不貴，孰勝其位，由卑至巨，莫匪躬致。宜疏土壃，報未功當，是生後人，紹慶不忘。

唐故横海軍節度齊棣滄景等州觀察處置等使金紫光禄大夫檢校兵部尚書使持節齊州諸軍事兼齊州刺史御史大夫上柱國貝郡開國公食邑二千户贈左僕射傅公神道碑

傅爲古姓，介子誅樓蘭王，封義陽侯；俊爲二十八將，功高稱於兩漢；而毅以文章顯。自漢以降，世累有人。曾祖諫，易州長史。生大父定州司馬韶，❷贈鄧州長史。生父榮，贈刑部尚書。

公諱良弼，字安道，清河人也。以善弓矢顯，仕于成德軍，流輩稱其朴厚。博野、樂壽，本隸瀛州，在范陽、成德間，爲要害地，每相攻以取兩城。及王武俊破走朱滔，詔以博野、樂壽與成德軍，其後以公選爲將，而鎮於樂壽。公善撫士卒，與之同苦樂，得士卒死力。

❶「有辭」，成化本作「其」。
❷「韶」，成化本作「詔」。

長慶初，幽州繼亂，范陽執其帥弘靖而扶克融，成德殺其帥弘正，將廷湊因盜有地。❶公奮曰：「吾豈可以爲賊乎？」遂誓衆喻以逆順，閉城拒賊，潛疏以聞。詔以樂壽爲神策行營，命公以爲都知兵馬使，與深州將牛元翼、博野李寰掎角相應，賊屢攻之，卒不能克。會詔下，以克融、廷湊皆爲節度使，公遂將樂壽之師及其妻子，拔城以出賊，轉鬬且引，遂遇官軍，以免於難。以功遷沂州刺史，未到，遽以爲左神策軍將軍，數月拜鄭州刺史。公本用武力進，未嘗治人，於是痛自刻飭，❷清己率下，凡從公將卒，本與公同立於樂壽者，皆凜懼不敢越條令以侵物，❸故鄭州稱理，雖他時文吏，罕能過者。

明年，改爲鹽州刺史。閔帝初以公爲夏、銀、綏、宥等州節度使，❹居河陽。壖民不耕織，❺党項千餘落，以畜牛、羊、馬代田業。先時將帥多貪，至有盜其善馬者，蕃落咸怨走，以出他境。及公之至，蕃人來見，或獻馬者，公拒而不受。蕃人喜，傳以相告，未踰月，而部落相勸皆歸。蕃人之有罪者，懼而來奔，故事皆使蕃人出馬以贖，公曰：「吾將於此，職當禁其逃亡，有罪何俟於贖？」❻皆執之以付其蕃落，蕃人益喜。

❶「廷」，原作「庭」，今據前文改。下同。
❷「痛」，成化本作「庸」。
❸「凜」，原作「稟」，今據《文苑》、《全唐文》改。
❹「閔」，成化本作「閑」。
❺「壖」，原作「濡」，今據汲古閣本、日本本改。
❻「有」，成化本空闕。

大和二年九月，以公爲横海軍節度使檢校兵部尚書，俾治齊州，以圖滄景之寇，知兵者咸以爲命將之當，必且有成矣。旌旗及於陝而得疾，疾愈即路，以十月晦，薨於硤石驛，春秋五十有六。天子悼痛，爲之廢朝，贈尚書左僕射。以明年七月葬河南府洛陽縣伯樂里。夫人南陽張氏，柔立善斷。公之以樂壽拒賊，暨轉戰以出，夫人麤衣糲食，與兵士妻女均好惡，用助公事。再封南陽郡夫人。三子：守常、守中、守章等，皆孝謹寡過。公方將立大功，以報於國，不以男子之仕爲念，故官甚卑，有未官者。銘曰：

大夫致身，不賴前業，遭變竭忠，奇節曄曄。乃作刺史，乃作將軍，乃統邊兵，事績昭聞。廉以檢己，嚴以督下，藩落完安，馬牛在野。大革前事，自我爲初，尒後之來，視此勿渝。

陸歙州述

吴郡陸傪，字公佐，❶生于世五十有七年。明于仁義之道，可以化人倫、厚風俗者餘三十年。連事觀察使，觀察使不能知，退居于田者六七年。由侍御史入爲祠部員外郎，二年出刺歙州，卒于道，貞元十八年四月二十八日也。

凡人之所不能窮者，必推之於天。天之注膏雨也，人之心以爲生旱苗然也；雨與苗運相違，或雨于海，或雨于山，旱苗不得仰其澤。唯人也亦然。天之生俊賢也，人之心以爲拯顛頓之人然也；賢者與顛頓之人

❶「字」，原脱，今據《文粹》、《全唐文》補。

時不合，或死于野，或得其位而道不能行，顑頷之人不得被其惠。膏雨之降也適然，賢者之生于時也亦然，運相合，旱苗仰其澤，顑頷之人賴其力，傅説、甘盤、尹吉甫、管夷吾之類也。時弗合，膏雨降雖終日，賢哲生雖比肩，旱苗之不救，百姓之弗賴，顔子、子思、孟軻、董仲舒之類也。故賢哲之生自有時，百姓之賴其力，天也；不賴其力，亦天也。

嗚呼！公佐之官，雖升于朝，雖刺于州，其出入始二年，道之不行，與居于田時弗差也。公佐之賢雖日聞已，其德行未必昭昭然聞于天子，公佐是以不得其職；出刺一州，又短命道病死，天下之未蒙其德固宜矣。❶然則天之生君也，授之以救人之道，不授之以救人之位，如膏雨之或雨于海，或雨于山，旱苗之不沐其澤者均也。故君子不得其位以行其道者，命也，其亦有不足于心者耶？得其道者窮居于野，非所謂屈，冠冕而相天下，非所謂伸，其何有不足于心者耶？

---

❶「之」下，《文粹》有「人」字，近是。

李文卷第十四

墓誌五首

唐故金紫光禄大夫尚書右僕射致仕上柱國弘農郡開國公食邑二千户贈司空楊公墓誌❶并序

由楊喜追殺項羽，以功封侯，後數世生敞，官至丞相。敞曾孫寶，不應王莽之命，光武特徵，老病不到。寶生震，諸儒謂之「關西孔子」，位至大司徒太尉，卒以忠死。楊氏由是益大，載於史傳，世不絕人。曾祖珪，辰州司户，贈膳部員外郎。大父冠俗，奉先縣尉，贈吏部郎中。父太清，宋州單父縣尉，累贈至太保。公諱於陵，字達夫，年十八舉進士第，選補潤州句容主簿，鄂岳觀察使奏爲判官，轉左驍衛兵曹，累改評事、監察御史，歷殿中，得緋衣銀魚。使還江西，公隨之，加侍御史著作郎。及府除，屏居建昌，不至京師。

貞元八年，徵拜膳部員外郎，轉考功，知別頭舉，轉吏部員外郎；及判南曹，宰相之親，有以文書不足駁去者，宰相召吏人詰之，堅执不改，遂以公爲宣武吊祭使。故事，南曹郎未嘗有出使者，公既出，宰相之親由

❶「柱國」，原誤乙，今據文意改。

是判成矣。故公卒不得在詔誥之清選，❶遂爲右司郎中。郎官惰於宿直，❷臨直多以假免，公白右丞，右丞建立條例。❸郎官不悦，爲作口語，宰相有知其事者，遽以公爲吏部郎中。改京兆少尹，出爲絳州刺史。有言公弗當居外者，德宗召見，遂以爲中書舍人。其年，知吏部選事。時京兆尹李實有寵，去不附己者，故給事中許孟容爲太常少卿，而公改秘書少監。德宗崩，爲太原幽鎮等十道告哀使，節將之遺，並辭不受。復命，除華州刺史，賜三品衣魚；所取賓僚皆一時名人，後皆得顯官，有至宰相者。

其年冬，遷浙江東道團練觀察使。越中大飢，人至相食，公奏請度支米三十萬斛，❹又乞糴他道以賑救之，民得生全。入爲户部侍郎，未到，改京兆尹。奏請諸軍、諸使有犯罪者，皆禁身推罪，以狀牒送本軍；又請屬諸軍、諸使，人置挾名敕五丁上者，❺推兩丁屬軍，遞立節限，以便於治。詔皆可其奏，京師稱之。復爲户部侍郎，人望益重，僉以公遂爲宰相。會考制舉人，獎直言策爲第一，中貴人大怒，宰相有欲因而出之者，由是爲嶺南節度使。是時得考策者凡四人，公既得嶺南，吏部員外郎韋貫之再貶巴州刺史，而李益、鄭敬皆抵於患。

---

❶「清」，成化本無此字。
❷「惰」，原作「墮」，今據《全唐文》改。
❸「右丞」，《文粹》、《全唐文》無此二字。
❹「度支」，成化本作「旨入」。
❺「上」，原爲墨釘，今據嘉靖本、汲古閣本補。

其在廣州，以韋詞爲節度判官，任之以政，改易侵人之事，凡一十有七，嶺外之人至兹傳道之。節度使徐申以己俸薄，月加三十万，且曰「後來所期共守」。公引常衮所奏敕皆罷之。撤去蒲葵，陶瓦覆屋，遂無火災，民賴以安。監軍許遂振，好貨戾彊，❶而小人有陰附之者，故遂振密表譖公，❷直言韋詞、李翺惑亂軍政，於是除替罷歸。遂振既領後事，捶撻吏人，求公之非，吏人大聲呼曰：「楊尚書他方所遺尚不收去，豈有侵用官錢乎？」遂振遽令取他方所遺。及其至，封印不敢，遂振慚而止。宰相裴垍素未知公，及遂振之譖，遂以公爲吏部侍郎。重修甲敕，用備姦源，又於南曹更置別曆，以相檢覆，奏令選人納直，爲出籤告以給之；吏息奸欺，官收羡錢，公食豐絜，廨宇以修，迄兹守行，遂爲故事。凡歷四年，補内、外官三千餘員，皆當其分，無怨訴者。

轉兵部侍郎，兼御史大夫，判度支。當淮西用兵，漕輓供饋，鹽鐵積欠官錢，公與之廷辯。高霞寓以唐、鄧之師攻蔡州，怯懦不敢直進，欲南抵申州，出於空虚不守之地，其路險狹，糧運難繼。公面於上前，❸累言利害，并以疏陳霞寓逗留之狀，請於北道直進，足以援許、汝之師，賊勢自蹙。上許之。霞寓深怨，遂内外結構，出爲郴州刺史。霞寓果敗。由是談者知公之冤。其爲彬州，躬勤於治，不以卑遠爲薄。明年，召拜原王

❶「彊」，成化本作「弼」，近是。
❷「譖」，原作「讃」，成化本同，今據諸本改。
❸「面」，原作「而」，今據諸本改。

傳。數日，又爲户部侍郎，復知吏部選事。

元和十四年，淄青平，兼御史大夫，以本官充東平宣慰處置使。是時初誅李師道，得兖州、鄆州等十二州，列爲三道。劉悟既除滑州，猶未出鄆，及公至，悟出迎，公促之，悟即日遂發；頒行賞賜，皆得其實。上甚悦，謂宰臣曰：「楊某不易得。」及浙西觀察使李偆死，上問宰臣崔群、皇甫鎛曰：「何不進浙西人名？」皇甫鎛知公方有恩，懼作相，遂言公所至皆有理績，❶以臣所見，莫如楊某。凡數百言，上唯以一字應之，曰「惜」。人聞之者，且以必爲相矣。是時，裴門下既出太原，崔中書爲鎛所譖，❷鎛又改尊號中上旨，故鎛計竟行，而公不相矣。

明年，遷户部尚書。又一年，改太常卿。又一年，改東都留守，兼兵部尚書、御史大夫，充蘄汝都防禦使，❸既三年，方將告休，會以疾而罷，乃嘆曰：「年老致政，本吾夙志，兹則負吾平生心矣！」疾平，遷檢校左僕射，兼太子少傅。或勸求分司以自便者，公曰：「年至力憊，便當乞骸骨於朝，何用分司爲？」遂西至京師，朝謝訖，不到中書，遂還私家，不判上案，三上表乞自退。詔遷左僕射致仕，全給俸料。❹數月，上表固

❶「績」，原作「跡」，今據《文粹》、《全唐文》改。
❷「譖」，原作「讚」，今據諸本改。
❸「蘄」，原作「畿」，今據《文粹》、《全唐文》改。
❹「料」，原作「科」，今據諸本改。

讓，乞就半俸，許之。廟享之外，不復經過人家；每佳辰體安，則以子弟孫僮侍游於園沼之中，用以爲適。

大和四年十二月癸亥，以疾薨於新昌第，享年七十有八。天子爲之廢朝。凡朝廷之賢，設位而哭者，不知幾人。册贈司空。明年四月庚午，歸葬鄭州滎澤縣先太保之兆，祔于夫人潁川韓氏贈華陰郡太夫人之塋。❶夫人，丞相少師休之孫，丞相晉國公滉之女，柔順之德，紀於前銘，下從舅姑四十有三年矣。子景復，衛尉卿；曰嗣復，户部侍郎；曰紹復，舉進士，登宏詞科；❷曰師復，未仕，用文爲業。女適右司郎中韋公素。孫承渙，試大理評事，鄜坊節度巡官，承渙之下及在童稚者十有一人。大卿侍郎以翱之受恩也久，來請爲誌，銘曰：❸

公生六年，太保棄捐，未及成童，虢國又終。漂泊江湖，誰食誰衣，服習文學，❹不勞於師。爰始有名，既于永歸，六十一年，祇慎德儀。由直屢黜，進無異詞，凡所臨莅，❺去而可思。與之厚者，莫匪雋材，自我進者，多遇良能。恩逮葭莩，濡洽以財，袒免緦麻，亦盡其哀。止足告歸，偃息丘園，子胤孫童，十有五人。

❶ 上「夫人」二字，《全唐文》無。
❷ 「宏」，原作「寵」，今據諸本改。
❸ 「銘」，原作「文」，今據汲古閣本、《文粹》改。
❹ 「學」，《文粹》作「章」。
❺ 「莅」，原作「泣」，今據《文粹》、《全唐文》改。

有列卿曹，貴爲侍郎，禄秩且多，膳飲馨香。門吏諸生，中外顯光，車馬盈門，歲時之良。既壽既貴，❶示終以常，福薦攸歸，疇可比望。爲廟太祖，百世蒸嘗。

唐故福建等州都團練觀察處置等使兼御史中丞贈右散騎常侍獨孤公墓誌

公諱朗，字用晦，常州刺史贈太子少保憲公之長子。❷憲公有文章名於大曆中，每爲文，輒爲後進所傳寫。公生數歲而憲公歿，與弟郁皆伯父母所養。稍長，好讀書，不煩於師。年二十一，與弟郁同來舉進士。其二年，既得之矣，會有司出賦題，德宗不悦，宰相喻使減人數，故公與十餘人皆黜。公以伯父母無子，即日歸養于蘇州，使其弟留以卒業，由是孝慈之名稱於朋友間，以處士起佐江西、宣歙、浙東三府，得試校書協律郎。

元和九年，拜右拾遺，上疏請各令觀察使充本道鹽鐵使，❸場監之任，悉歸州縣，罷去管榷吏，以除百姓之患。十年，盜殺宰相，御史中丞傷以免，公疏請貶京兆尹，殺捕盜吏，事皆不行，君子壯之。累奏時病，有不合上意者，貶爲興元府倉曹參軍。三年，復徵入爲監察御史，改京兆府司録參軍，遷殿中，尋加史館修撰，

❶ 下「既」字，《全唐文》作「且」，近是。

❷ 「常」，原作「當」，今據成化本改。

❸ 上「使」字，原作「便」，今據成化本、《全唐文》改。

入省爲都官員外郎，修史如前。出刺韶州，復入虞部左司二員外，得郎中，數月，遷權知諫議大夫。敬宗御丹鳳門，大赦改元，宦官毆傷鄠縣令崔發於雞竿下，公疏請取其首爲者殺之以正法。寶曆元年，改御史中丞。殿中王源植貶韶州司馬，公面諫其屈，不得請；凡五上疏，自請罷去，敬宗不許。上即位，遷工部侍郎。❶

大和元年八月，以爲福建等州都團練觀察等使，兼御史中丞。公瘡發於背，不克入謝。病二旬，九月壬子，以瘡卒，年五十三。天子爲之廢朝，贈右散騎常侍。有子孟常，生九歲矣。夫人京兆韋氏，給事中貞伯之女，未仕而夫人卒。十月壬午，其姪庠以公之喪歸祔河南之壽安甘泉鄉先公墓次，以十月己酉窆。銘曰：

人之有生，莫不皆死，曰長曰短，相望其幾。短不足傷，長不足恃，要歸於盡，孰有彼此。公壽何迫，百年中止，喪車東去，托骨山趾。室無妻哭，祭有稚子，❷令名不忘，曷其有已。

故檢校工部員外郎任君墓誌銘

君諱佶，字叔正，樂安人，殿中侍御史玄植之孫，靈府功曹日新之子。君少遭父喪，養母以孝稱。京兆

❶ 「工」，原作「二」，今據諸本改。

❷ 「稚」，原作「雅」，今據成化本、《全唐文》改。

尹崔光遠表試左清道率府兵曹參軍，勑攝富平縣尉知縣事。及克復京師，以功授成都府犀浦縣丞，又以優授涇陽縣尉。會吐蕃犯都，代宗幸陝州，君召募吏人保守佛寺，寇不敢逼，擢爲本縣令，充渭南十縣團練使。❶及駕還京，爲同列潛構，功不得論。僕射裴冕冤而奏之，得長安縣尉，轉本縣丞，歷太府寺丞。未幾，遷監察御史、京畿館驛使判官。中書侍郎元載爲澤潭使，❷請爲判官，轉殿中侍御史，又檢校工部員外郎，兼侍御史，判官如故。元載得罪，君左授建州建安尉。❸及楊炎入相，君以書戒之，由是楊怒而不用。又移虔州司户，再授信州司馬。觀察使鮑防以爲判官，❹權知饒州事。構疾歸，卒于信州，權窆於州西原。

有詩兩卷。前娶宗王氏女，生男冀，爲邠州司法參軍，三女各爲士妻。後娶杜氏女，生子三人，曰淑，曰羡，曰并；女五人，長女嫁長洲尉源咸季，次女適權穎，三女早卒，少女二人未許嫁。淑歷佐大府，以吏能有聲，爲度支振武營田使，得試協律郎，攝監察御史。元和十四年，杜氏卒，淑乃自信州奉府君之喪，合葬于萬年楊村，❺從先人舊塋。淑嘗與翱同事嶺南府，翱知淑之才，❻亟薦于時，故淑來請誌，銘曰：

---

❶「南」，原作「北」，今據《文苑》改。按，《舊唐書·地理志》作「渭南」。
❷「澤」，原作「潭」，今據《文苑》改。按，《舊唐書·職官志》有「澤潭使」。
❸「尉」上，《文苑》有「縣」字。
❹「防」，原作「魴」。今據《文苑》、《全唐文》改。
❺「楊」，《文苑》作「柳」。
❻「才」，《文苑》作「賢」。

士生于時兮，所貴者才。有才無命兮，古今所哀。噫！

故處士侯君墓誌

侯高字玄覽，上谷人。少爲道士，學黄老鍊氣保形之術，居廬山，號華陽居士。每激發則爲文達意，其高處騣騣乎有漢、魏之風。性剛勁，懷救物之略，自儕周昌、王陵，所如固不合，視貴善宦者如糞溲。與平昌孟郊東野、昌黎韓愈退之、隴西李渤濬之、河南獨孤朗用晦、❶隴西李翺習之相往來。

汴州亂，兵士殺留後陸長源，東取劉逸淮，乃作《吊汴州文》投之大川以訢。貞元十五年，翺遇玄覽於蘇州，出其詞以示翺，翺謂孟東野曰：「誠之至者必上通，❷上帝聞之，劉逸淮其將不久。」後數月，而劉逸淮竟死。其首章曰：「穹穹與厚厚兮，烏憒予而不攄。」翺以爲與屈原、宋玉、景差相上下，自東方朔、嚴忌皆不及也。

達奚撫爲楚州，起攝盱眙，祭酒李公遜刺衢州，請治信安；其觀察浙東，又宰于剡；三縣皆有政。不幸得心疾，留其子狗兒於翺家而歸廬山，不到，卒江西。其子壻王適，使傭吉勉求君所如，❸值君卒，吉勉以君

❶「朗」，原作「明」，今據《文苑》、《全唐文》改。
❷「誠」上，《文苑》有小注曰：「蜀本有『我』字。」
❸「如」下，《文苑》有小注曰：「蜀本作『知』。」

喪殯於袁州之野，❶而復於適。適又死，適之妻使吉勉來告於翱，翱以狗兒歸適妻。居二年，適妻又死，狗兒尚童，翱慮吉勉之短長不可期，則君之喪終不墳矣，故使吉勉往葬之，而識其墓，以示狗兒。

叔氏墓誌

元和九年，歲直甲午，正月十九日丁卯，浙東道觀察判官將仕郎試大理評事攝監察御史李翱，奉其叔氏之喪葬于兹。叔氏諱術，生子曰王老，遠在京師，翱實主其事。銘曰：

翱生始言，叔氏棄没，爰殯于野，年周四甲。豈無諸親，生故或迫，亦有息子，旅宦京國。丘墳孰封，松櫝未列，殯宇零毁，狐狸所穴。中夜遠思，酸悽心骨！是以乞假公府，❷言來筮宅。追念延陵，喪子嬴博。葬不歸吴，於禮其合。唯叔平生，游居是邑。夭謝于此，靈幽其託。女侄之西，仲兄之北。冥昭何異？可用居息。孰爲故鄉？乃樹松柏。

---

❶「袁」，成化本作「襄」。

❷「是以」，《文苑》無此二字，近是。

李文卷第十五

墓誌六首

兵部侍郎贈工部尚書武公墓誌

公諱儒衡，字庭碩。年二十四得進士第，歷四門助教。故相鄭公餘慶尹河南，奏授伊闕尉，充水陸運判官。及鄭公守東都，又請自佐，得監察御史，轉殿中。御史臺奏其材，❶詔即以爲真。歷侍御史司封員外郎，户部郎中，遷諫議大夫。三月以本官知制誥，歲滿轉中書舍人，二年遷禮部。入謝，賜三品衣魚。數月，丁尊夫人憂，再朞服除，權知兵部侍郎。月餘，母夫人暴卒，公一號絶氣，久而乃息，遂得重疾，不能見親友，既祥，益病。長慶四年四月壬辰，竟薨，年五十六。

公氣和貌嚴，望之若神。言不妄發，與人有誠，府其相信，❷不用約結。每以時安危、生民之病爲己務。

❶「材」，原作「林」，今據諸本改。

❷「府」，《全唐文》作「甫」。

從父兄元衡，再爲丞相，以重厚名終始，公實潛有補助。其爲諫議舍人，每遇事不當，必奏疏盡言。皇甫鎛爲相，剥下以媚天子，給邊兵衣食以不可用物，兵士或以火燔之，其帥大哭，將自刃者，邊幾亂。公累以疏言，憲宗召問，大悦。踰月，鎛竟罷度支。及大行皇帝即位，鎛遂斥死崖州。其爲兵部纔數十日，凡議論者潛曰：「武兵部必相矣。」蓋上擇日將相之，而公以喪免。有文集二十五卷，制集二十卷。

曾大父載德，潁川郡王左羽林將軍。大父平一，懲后族之禍，逃官于崧山，中宗初，徵拜起居舍人、考功員外郎，有文章傳于當時。父登，常州江陰縣令，贈禮部侍郎。夫人隴西李氏，先公卒。嗣子曰籌，年十五，次子年十三。❶女二人，長女許嫁盧立，立良士，爲興元節度司空晉公從事；次女嫁前進士崔搏，搏有學行。其從父子渾，以五月丙子，奉公之喪歸祔河南緱氏禮部先公之墓次。

公之先薨，召其友禮部郎中李翺，執臂以别，且曰：「我將死，凡家事細大，皆有條畫在文字矣。平生志業，於此窮矣。公於我厚，我死，公其銘吾墓以傳焉。」既十二日而公果歿，君子以爲知命。及薨，朋友之在位者，皆請告泣哭以相吊，其不識者，亦望風以歎。天子罷朝一日，贈工部尚書。籌尚幼，哭泣幾絶，親戚不忍聞其聲，其能奉遺命以終訖公意。銘曰：

武宗出周，聖發之苗，厥孫聘魯，乃列春秋。秦漢之交，曰臣王趙，實大其家，亭侯以紹。厥支十七，晉陽乃封，子孫因家，以及于唐。神堯順天，鄭侯翼扶，武烈諫酷，五木成盧。考公逃貴，于嵩之下，

❶「次子年十三」，成化本無此五字。

江陰絜白，世嗣其雅。德藴位細，慶叢于公，唯公之興，罔不自躬。言不苟出，與人有誠，名譽四延，震蕩厥聲。再罹大苦，不堪以病，先期告終，恬以順命。毅毅武公，是維碩人，我哀刻識，俾或可傳。

秘書少監史館修撰馬君墓誌❶

公諱某，字廬符，宣州刺史玄慶之曾孫，著作郎贈少府監恬之子。公九歲貫涉經史，魯山令元德秀行高一時，公往師焉，魯山令奇之，號公爲「馬孺子」，爲之著《神聰贊》，由是名聞。中書令郭公子儀爲懷州參軍，充四鎮、伊西庭節度巡官，從事河陽三城、河東三府，累轉試大府丞，因得太原府倉曹。黜陟使裴伯言謂公堪爲諫官，薦之於朝，拜殿中侍御史，充昭義軍節度史參謀，召爲太子左贊善大夫，遷主客員外郎。使於海東，復命，授興元少尹，入爲將作少監，改國子司業，遷秘書少監，又加史館修撰。元和十三年十一月己酉，寢疾卒。

公博覽多藝，弈棋居第三品。家貧未嘗問生業，只以纂録自樂爲事。撰《歷代紀録》、《類史》、《鳳池録》，纂《寶折桂録》、《新羅紀行》、《將相别傳》，及所爲文，總四百八十八卷。年登八十，官貳秘書，職領太史，雖不極於富貴，亦儒者之難及也。

夫人潁川陳氏，贈潁川郡君，先公終三十年餘矣。有子七人：曰文則，由進士補錢塘尉；第二、第四子

❶ 此篇底本有目無文，今據《全唐文》補録。

文范并早卒；曰文同、曰文約，讀書著文，有名於進士場；曰文輿、曰溪郎，皆恭守家法。女五人，其存者三人，未笄。文同等奉公之喪，以明年二月祔葬於偃師，從先塋。謂翺嘗從於史氏之列，來請爲誌。

故歙州長史隴西李府君墓誌銘

府君諱則，字某，凉武昭王十三世孫。大父獻，眉州別駕，時宰相有請婚者，力不可止，因去官居家。❶弟遇病暴卒，❷別駕燒一指以禱於神，既而弟復生，自說方就縶，上帝有命，以兄燒指，宜復其生。別駕生令一，侍中源乾曜以子求婚，府君拒之固，以詞抵之，貶黔州彭水尉，遂以壽終。

府君始十餘歲，先夫人以之從喪，歸殯汝州，由是依于舅族。少好老子、莊周之言，與群童游，盡能記他童之所習。先夫人學《左氏春秋》，博該百家之書，故府君以經史浸潤，力田供養，由是少不肯求仕。善草、隸書，弓矢、博奕，皆得其妙。

既冠，得濠州定遠尉，❸假令他縣，❹令嚴而行，吏急民寬，富豪并貧民産而不稅者，盡以法治之，貧民用

❶「居」，《文苑》作「歸」。

❷「病」，《文苑》、《全唐文》作「疾」。

❸「尉」上，《文苑》有「縣」字。

❹「令」，《文苑》作「領」。

安。罷職復返其初。從事嶺南，得試左武衛兵曹，於福建得試太子通事舍人、大理司直，授歙州長史。宣歙觀察使請爲判官，奏未下，以疾卒，年七十四。

夫人河南元氏，壽州刺史從之女，年六十八，先府君而終，生子某、子某，皆未仕。❶女子五人，長女壻禮部員外鄭錫，次女壻桂府觀察使杜式方，❷次女壻京兆韋放，次女壻滎陽鄭循禮，❸小女壻密縣尉鄭公瑜。幼子克恭，少讀書學文，以兄舉進士，家事自飭，弗克求名，故年四十有六，始奏授睦州司兵，累遷試大理司直，兼殿中侍御史，充鹽鐵推官。寶曆三年三月，克恭奉府君夫人之喪歸葬于鄭州某縣岡原。翺知克恭之材十三年矣，故克恭以府君之葬來請，且曰：「將以六月庚申窆。」知克恭者若吾季叔，又安可以辭？銘曰：

德不稱禄，鬼神之責，才優以賤，古人不戚。非道不求，曷計人爵，慶蘊而傳，後必有積。其葬爲誰，孝子卜之，❹著蔡僉吉，❺嘉原乃擇。❻合骨于兹，終永其託，何以識之，有封有柏。❼

❶「仕」下，《全唐文》有「卒」字。
❷「府」，汲古閣本、《全唐文》作「州」。
❸「滎」，原作「榮」，成化本同，今據諸本改。
❹「卜之」，《文苑》、《全唐文》作「之卜」。
❺「著」，原作「著」，今據成化本改。
❻「乃」，《文苑》有小注曰：「蜀本『乃』作『創』。」《全唐文》亦作「創」。
❼「封」，《全唐文》作「松」。

故河南府司録參軍盧君墓誌銘

君諱士瓊，字德卿，范陽人，家世爲甲姓，祠部郎中融之長子。明經及第，歷寧陵、華陽二縣主簿，❶知泗州院事，得協律郎。鄭少師之留守東都，奏爲推官，得大理評事。韓尚書代爲留守，請君如初。尚書節將陳許，奏充觀察判官，得監察御史。府罷歲餘，除河南府户曹，以疾免。河南尹重其能，奏爲司録參軍。八月癸酉，發疾而卒，年六十九。

君少好著文，精曉吏事。少游故丞相楊炎、張延賞之門，楊美其文辭，張每嘆其吏材過人。嘗職同州，當徵官税錢，時民競出粟易錢以歸，官斗至十八九。君白刺史言狀，請倍估納粟，下以澤民，上可以與官取利。刺史詰狀，君辨其所以必然，刺史行之，民用得饒。未一月，❷果被有司牒，和收官粟，斗給六十，❸後刺史到，欲盡入其羨於官，君既去職，猶止之曰：「聖澤本以利民，民户知之，不可以獨享。」刺史乃懸牓曉民，使請餘價，因以絹布高給之，民亦歡受，州獲羨錢六百萬。其爲户曹，決斷精速，曹不擁事。及爲司録，始就

❶「陽」，原作「陰」，今據《文苑》改。按，唐時華陰屬京兆府。
❷「月」，原作「日」，今據日本本、《全唐文》改。
❸「給」，原作「級」，今據《文苑》、《全唐文》改。

官，承符吏請曰：「前例某人等一十五人，合錢二千，❶皦人與司録養馬，敢請命。」因出狀，君訶曰：「汝試我耶？」使拽之，將加杖。承符吏衆進叩曰：❷「前司録皆然，故敢請。」君告曰：「司録豈不自有手力錢耶？❸用此贓何爲？」因叱出之。召主饌吏約之曰：「司録、判官、文學、參軍，皆同官環處以食，精麤之宜當一，❹不合別，無踵舊犯，吾不恕。」及月終，厨吏率其餘而分之，文學、參軍得司録居三之一。君曉之，曰：「俸錢職田手力數，既別官品矣，此食錢之餘，不當計位高下。從此後自司録至參軍平分之。」舊事，掾曹之下，各請家僮一人食錢，助本司府吏厨附食，司録家僮或三人或四人，就公堂餘食，侵撓厨吏，弊日益長。君使請家僮二人食錢，於司録府吏厨附食，家僮終不入官厨。召諸縣府望吏告曰：「某居此歲久，❺官吏清濁侵病人者，每聞之。司録職當舉非法，往各白汝長，宜慎守廉靖，以澠池令爲戒。」其所改易，皆克己便人，堪爲故事。及君卒，士君子相吊哭，咸以爲能高而位卑不副。

有子三人：孺方、嗣宗、嗣業，號慕祗守，不失家法。❻女二人。前娶清河崔敏女，無子；後娶滎陽鄭虬

---

❶「二千」，成化本無此二字。

❷「叩」，原作「仰」，今據《全唐文》改。

❸「耶」，原作「也」，今據《文苑》、《全唐文》改。

❹「之宜」，原作「之」，成化本作「宜」，今據《文苑》、《全唐文》補足。

❺「某」，原作「其」，今據汲古閣本、《文苑》、《全唐文》改。

❻「法」，原作「之」，今據成化本、《全唐文》改。

之女，❶有子，故皆祔葬於祠部塋東北。孺方叩頭泣曰：「丈人嘗與先子同官而游，宅居南北鄰，敢請紀石。」翺不得辭，乃據所見聞者鐫其實，可推類以知凡所從事之賢。銘曰：

嗟！盧君，性直而用優，約己以利人。宜壽宜貴，以拯時所艱。❷其緘而不伸，以喪厥神，豈奪惠於東民？悲夫！

故懷州録事參軍武氏妻傅氏墓誌

年月日，故懷州録事參軍武氏妻傅氏，卒于其兄弟之家。越月日，權葬于汴州某縣某鄉。前此者武居官而卒，傅氏有子曰俱兒，俱兒奔父之喪，未及返，傅氏又卒。俱兒奔父之喪，孝道也；傅氏卒于兄弟之家，戀母也。傅氏戀母，其教施于子，傅氏之殁，爲不朽矣。❸

故朔方節度掌書記殿中侍御史昌黎韓君夫人京兆韋氏墓誌銘

夫人姓京兆韋氏，尚舍奉御説之次女也。年十三，執婦道于昌黎韓氏。府君諱弇，自後魏尚書令、安定

❶「之」，原作「法」，今據成化本、《全唐文》改。
❷「拯」，原作「極」，今據成化本、《文苑》、《全唐文》改。
❸「爲不」二字，原倒，今據日本本、光緒本乙正。

桓王六世生禮部郎中雲卿，禮部實生府君。進士及第，朔方節度請掌書記，得秘書省校書郎，累遷殿中侍御史。貞元三年，吐蕃乞盟，詔朔方節度使即塞上與之盟，賓客皆從。其五月，吐蕃不肯盟，殿中君於是遇害，時年三十有五，夫人始年十有七矣。

有女子一人，其生七月而孤。夫人之母前既不幸矣，夫人以其女子歸于其父；弗數年，其父又不幸。夫人泣血食貧，養其子有道，自慎於嫌，節行愈高，雖烈丈夫之志不如也。猶有董氏伯姊繼衣食，仁之焉。不數年，董氏姊又不幸，夫人於是天下無所歸託矣。殿中君從父弟愈，孝友慈祥，貞元十六年，❶以其女子歸于隴西李翺，夫人從其女子，依于李氏焉。降年短命，三十有二，貞元十八年八月甲辰，卒于汴州開封新里鄉之某村。其明年正月辛酉，隴西李氏以其喪葬之於陳留縣安豐鄉岡原。❷殿中君之先葬于河陽，惟君之没，不得其喪，夫人是以不克葬于河陽，而獨墳于陳留，弗克祔于殿中君之族，而依于女子氏之黨，以從女子之懷，權道也，且將有待也。

殿中君文行甚脩，位甚卑，没於王事。初，禮部君好立節義，有大功於昭陵，其文章出於時，而官不甚高，殿中君又無嗣。嘗聞諸君子曰：「位不稱德者有後。」禮部君曷爲然哉？於是敘其孤女之悲，❸以識於墓門。銘曰：

女子之生兮七月而孤，所恃者母兮夫何辜？天蒼蒼兮不迴，生幾時兮終日哀！

---

❶「貞元」，原作「貞天」，成化本作「真元」，今據諸本改。

❷「隴西」，《八瓊室金石補正》（以下簡稱「《八瓊室》」）無此二字。

❸「孤」，《八瓊室》作「弱」。

李文卷第十六

祭文十四首

祭吏部韓侍郎文

嗚呼！孔氏云遠，❶楊朱恣行，孟軻拒之，乃壞于成。戎風混華，異學魁橫，兄常辯之，❷孔道益明。建武以還，文卑質喪，氣萎體敗，剽剥不讓。儷花鬭葉，顛倒相上，及兄之爲，思動鬼神，撥去其華，得其本根，開合怪駭，驅濤湧雲，包劉越嬴，並武同殷，六經之風，❸絶而復新。學者有歸，大變于文。兄之仕宦，❹罔辭于艱，疏奏輒斥，去而復還，❺升黜不改，正言亟聞。

❶「云」，原作「去」，今據《文苑》、《全唐文》改。
❷「常」，原作「嘗」，今據《文粹》改。
❸「風」，《文粹》、《全唐文》作「學」。
❹「宦」，原作「官」，今據光緒本、《文粹》、《全唐文》改。
❺「還」，原作簡體「还」，今據《文苑》、《文粹》、《全唐文》改。

貞元十二，兄在汴州，我游自徐，始得兄交。視我無能，待予以友，講文析道，爲益之厚，二十九年，不知其久。兄以疾休，我病卧室，三來視我，笑語窮日，❶何荒不耕，會之以一。人心樂生，皆惡言凶，兄之在病，則齊其終。順化以盡，靡憾于中，别我千萬，意如不窮。臨喪大號，决裂肝胸。

老聃言壽，死而不亡，兄名之垂，星斗之光。我譔兄行，❷下於太常，聲殫天地，誰云不長？喪車來東，我刺廬江，君命有嚴，不見兄喪。遣使奠斝，百酸攪腸，音容若在，曷日而忘。嗚呼哀哉，尚享！

祭故福建獨孤中丞文

維大和元年歲次丁未九月庚申朔二十日己卯，朝散大夫守右諫議大夫知制誥李翺，謹以清酌庶羞之奠，敬祭於亡友故福建都團練觀察處置等使兼御史中丞獨孤君侍郎之靈。

嗚呼！昔我與君，自少而歡，中暫乖阻，周荆眇綿。宣城越中，二府周旋，同事於公，職以相連。子常推後，我唱其先，叔向汝齊，不紉而堅。蘭馨以聞，乃在掖垣，引我代己，真謂其賢。❸共升於朝，亦又多年，或外或内，莫余或捐。君齒少我，髪鬢都玄，豐盈角犀，氣茂神全。當臻上壽，福祉昌延，何爲發瘍，針藥弗

❶「語」，原作「言」，今據《文苑》、《全唐文》改。

❷「譔」，《文苑》作「狀」。

❸「真謂其賢」，《全唐文》作「其謂真賢」。

斸。有妻既喪，有子童然，喪祭誰主？銘旌有翩。嗚呼哀哉！唯短與長，會歸於死，以存悲逝，前後皆尔。哭君之哀，痛折支指，欲抑不能，縱之曷已。嗚呼哀哉！

入君之户，但有裳帷，思與君言，不見容儀。薦肉不食，酌酒不持，嗟嗟用晦，何亟臻斯。嗚呼哀哉，尚享！

祭中書韋相公文

嗚呼！藴德在躬，必逢其慶，利物之至，❶宜乎得政。君居翰林，遭國之病，建立詔制，所頒未定。決危疑於一言，討篡逆以從正，❷横兵刃以森列，述王心而草命。❸伏群情於頃刻，咸屬目以生敬，既名遂而衆安，乃登庸而輔聖。窒因依之他路，收爵賞之全柄，升俊良之滯淹，摧姦兇之熾盛。何襮柔而中毅，護勳賢於視聽，惟廷相之雍雍，伊近世而疇並。將協德以致理，事有初而未竟，方陳謀於帝前，忽顛仆以終命。雖禀受之有數，亦生靈之不幸。嗚呼哀哉！

緬惟昔歲，陪跡南宫。省己何有？辱交於公。公賢偶時，羽若飛鴻。走斥于外，困不能通。公相未幾，遽歸自東。司諫左垣，視草禁中。汲引之惠，如帆得風。飄淪八年，顛白成翁。幽蟄忽發，涣然啟蒙，烈

❶「利」，成化本作「制」。
❷「纂」，原作「慕」，今據諸本改。
❸「草」，原作「革」，今據成化本改。

士感知，矧惟賤躬。閒以存殁，心悲曷窮。奠爵而拜，公其表衷。嗚呼哀哉，尚享！

祭故東川盧大夫文

前此八年，公在宣州。翺歸自南，下江之流。公發辟書，使者來召。言重禮至，賔賓之右。内懼不稱，又安敢辭？仰公之德，自託如歸。亦既在門，有言必信。翺亦不貳，知賢則進。公曰汝言，我用無疑。每疑賢者，患不能知。汝正而公，與我氣合。有懷必陳，無謂弗納。公遷侍郎，翺赴浙東。宦途有阻，困不能通。公陳上前，出白丞相。保明無過，昭灼有狀。事遂解釋，奏方成官。非公之力，其退于田。公鎮劍川，翺作東掾。❶亟言於相，曷不以薦。官罷在家，卧病飲貧。唯公見念，復召爲賓。自修辟牒，以復前好。承命而行，不憚遠道。余及陜郊，聞公之喪。失聲泣哭，若火煎腸。公爲大臣，一心正直。發言動聽，義形在色。公出乎外，衆論日歸。輔相之位，實公所宜。唯公之薨，骨骾道衰。天下失望，賢人共悲。生必有盡，自古皆尔。殁而益光，孰與公比？喪車東去，歸祔先趾。臨路一號，永訣於此。嗚呼哀哉，尚享！

祭楊僕射文

嗚呼！貞元中歲，公既爲郎，始獲趨門，仰公之光。遂假薦言，幽蟄用彰，德惠之厚，殁身敢忘。公以

❶「作」，《全唐文》作「亦」。

直道，于南出藩，謬管記室，日陪討論。舊政多粃，如絲之棼，與賢共謀，穢滌榛燔。監戎戾强，陰附包奸，❶潛譖疑危，❷處之若閑。并兼百流，清濁終分，賓主之義，由茲益敦。公自登朝，及于謝政，善接交友，居官恪敬。温然如春，柔立不佞，坐直屢退，進匪由競。更歷中外，聲華日盛，咸期作相，爲國之慶。宜而不居，斯可云命，知足告休，頤養于家。子爲侍郎，光曜芬葩，亦列卿曹，秩禄且多。孫童滿前，園沼經過；門吏盈朝，宴賞有加。宜哉萬壽，吉慶靡他，棄此弗顧，哀哉奈何！嗚呼哀哉！

身誰不貴，有後斯榮，唯公之嗣，實大家聲，公爲弗亡，顯顯其名。嗚呼哀哉！

卜筮叶期，返宅于滎，翺復守郡，居不敢寧。追懷恩舊，躬在郊坰，承教絶績，❸刻揚德馨。縞服前導，盡哀墓庭，尚或監此，公乎有靈。嗚呼哀哉，尚享！

祭李賓客文

嗚呼！天地粹氣，降爲哲人，忠播大惠，濟於生民。命與時違，有此不伸，❹責安所歸，乃在鬼神。嗚

---

❶「附」，原作「咐」，疑是壞字，成化本作「袝」，今據汲古閣本改。
❷「疑危」，《全唐文》作「危疑」。
❸「績」，舊抄本作「紀」。
❹「伸」，原作「仲」，今據諸本改。

呼哀哉！

兄初有疾，隸人來告，走馹往視，連呼不覺；痛攪我腸，誰其能療？嫂侄既至，患亦微痊。我時屢往，笑語依然，實希返初，以及高年。謫官分曹，拜恩遄發，負罪即路，不遑去別。意謂全德，功當及人，尚期會面，復接歡忻，如何一乖，生死驟分。嗚呼哀哉！

豈虞濬之，遂臻于兹！捨我而去，將安取規！唯後與先，能校幾時，短邪長邪，終永同歸。死爲盡乎，將有所之，唯盡唯有，兄其已知。嗚呼哀哉！

兄之既疾，告于妻子：「自古神聖，莫不皆尔；名垂不滅，能光萬祀。生平交故，殁後誰是？吾友在東，❶可以託死。且吾所有，往謂編紀，吾名庶存，乃賢在史。」臨絶又告，丁寧心耳。所録既到，酸慘啟書，披尋未窮，漫洟盈裾。生雖相好，没更有餘，敢辭厚命，但惡空虚，著兄之德，刻石幽虚，傳乎萬祀，用顯名譽。嗚呼哀哉！

兄喪東來，我拘郡事，□□□□，棺不得視。形存心遊，盪魄傷氣，一杯寫情，四望歔欷。嗚呼哀哉，尚享！

祭硤州李使君文

於乎！材不如君，貴富者衆！身喪遠郡，不逢世用。如君之年，存者則多；而遽謝殁，傷哉奈何！

❶「友」，原作「及」，今據成化本、《全唐文》改。

官不展心，壽不及老，妻少子稚，棄去何早？我知子能，一十八年，力竟不及，于兹已焉。臨君之喪，灑酒以決，刻石在壙，名傳詎滅。下從先人，萬古之藏，要歸於盡，安問短長。嗚呼哀哉，尚享！

祭從祖弟秘書少監文

秘書少監十弟諒之之靈。

惟君文行脩絜，夙負嘉名，累升科第，士友懽接，❶遂登諫省，蔚以直聞，周歷南宫，連刺三郡。得風告罷，入貳秘書，致政于家，息心養疾。沉恙頓已，日望其除，告言不聞，凶訃遄至。於乎哀哉！年未五十，有男早亡，少妻主喪，有息非嗣，報施之道，冥茫孰知？於乎哀哉！吾責刺遠州，道里遐闊，病不得見，喪不得臨。痛悼摧傷，悽貫心骨！有酒在醆，有肉在盤，魂兮其來，歆此單薄。洒淚遣祭，哀而不文，孰期諒之，去矣長別。嗚呼哀哉，尚享！

祭劉巡官文

維元和七年歲次壬辰九月丙辰朔十五日庚午，觀察判官攝監察御史李翺等，謹以清酌庶羞之奠，致祭于劉君之靈。

---

❶「懽」，原作「權」，今據《全唐文》改。

我等與君，同列賓筵。共食偕行，歲辰再遷。公事多暇，嬉遊百般。❶柳垂于塘，荷秀于川；或泛在水，或登在山。飲酒終夜，❷觴觥往還。笑言無虐，咸盡于歡。❸君實强盛，時惟壯年。宜哉壽考，福禄來臻。奈何遭疾，鍼藥弗痊。日冀返初，憂危遽傳。長路未極，琴書忽捐。嗚呼哀哉！

堂有老母，室有少妻。幼男稚女，或童或孩。發聲怨切，❹吊者酸悽。祔葬舊域，隨喪以歸。已矣劉君，自古如斯！有肉一豆，有酒一巵。我來一别，❺去去長辭。嗚呼哀哉，尚享！

祭錢巡官文

嗚呼！某維錢君，絜行而文。上第有司，籍籍京秦。退居于湖，遭病且貧。乃耀雄詞，單使來臻。中丞覽之，嗟嘆盈辰。遂馳官牒，請列賓筵。翩然而至，灼灼有聞。實司表奏，章句出群。有時過我，藴積皆申。無言不契，有奥必陳。每日仰公，心知古人。古人孰知，❻幸聯爲賓。與我相接，三十餘旬。不見有

❶「百」，成化本作「自」。
❷「飲」，《文苑》作「歌」。
❸「于」，《文苑》、《全唐文》作「其」。
❹「切」，原作「刃」，今據成化本、《文苑》、《全唐文》改。
❺「一」，《文苑》作「告」。
❻「古人」，成化本此二字空闕。

過，潛然日新。余有行役，❶滑鄭之間。❷書札日來，道遠情親。丁寧戒我，已事亟還。方將執手，復展歡忻。如何中道，哀訃忽傳。❸驚呼失聲，迸淚流巾。豈其相逢，丹旐載翩。少妻慟哭，聽者酸辛。漫漫者天，曲直誰賢？梁冀、張讓，富貴在身；童烏、項橐，夭枉其年。王鳳何得？賈誼何愆？將貴賤前定，或短長偶然。其誰司之，施與何偏。天不肯告，❹使人惑焉！臨喪寫哀，備在斯言。萬事皆已，一觴在前。❺死矣奈何？悲哉錢君！

准制祭伏波神文

嗚呼！伏波之生，好兵自喜，幼有壯節，騰聲出仕。定册歸漢，謨俞帝旨，筭無失画，❻功伐可紀。破斬徵側，實平交趾，來征蠻谿，未卒而死。小人赤口，曷本於理，薏苡南還，明珠譖起。乃收侯印，爵不及子。

❶「役」，原爲空格，今據日本本劉氏校語補。
❷「滑」，原爲空格，今據日本本劉氏校語補。
❸「傳」，《全唐文》作「聞」，近是。
❹「不」，原作「下」，今據諸本改。
❺「一」，原爲空格，今據諸本補。
❻「筭」，原作「等」，今據成化本、《全唐文》改。

遺德不忘，愛留杜里，築廟以祭，人畏其鬼，❶久而若新，千歲不毀。詰詰蚩蚩，易白成緇：孔子義夫，勛華不慈；曾氏殺人，母投于機；居竊厥嫂，陳平不疑；申生寘堇，晉有驪姬；無極巧舌，伍奢族夷；❷孟子傷讒，萋兮作詩。公失其所，梁松實爲；何獨將軍，自昔如斯。故士有歷万代而不滅者，常被訕於當時。苟窺心而不怍，雖棄置其奚悲。❸赫赫聖帝，嘉賢命詞，酒斝既設，❹神乎降思。尚享！

祭中天王文代河南鄭尹作

自春亢陽，將害嘉穀，是以齋心命使，用祈于王。惟神降歆，明應如答，陰雲周布，膏澤四施。旱苗獲生，❺宿麥重秀，臣人歡悦，草木鮮榮。惟王之功，拯祐于下。某忝尹京邑，慮迫群心，實荷王化，道以嘉祉。❻方當月禁，不殺羊牛，謝王嘉錫，曷敢稽留。且薦中素，非陳俎羞。❼請俟踰月，乃列牲牢。

❶「畏」，《文苑》作「敬」。
❷「族」，《文苑》作「誅」。
❸「置」，原作「直」，今據《全唐文》改。
❹「設」，《文苑》作「列」。
❺「獲」，《全唐文》作「復」。
❻「祉」，成化本作墨釘。
❼「俎」，《全唐文》作「豆」。

別潛山神文

維長慶三年十月二十七日，❶朝議郎守尚書禮部郎中、上輕車都尉李翺，謹遣舒州攝要籍司衙前軍虞侯吴潭，以清酒鹿脯，告辭于潛山大神之靈。

翺自去歲，來臨此邦，遭罹炎旱，淮左畢同。鄰郡逃亡，十家六空，唯此舒人，安業於農。我政無能，遘此歲凶，災同報異，乃神之聰。事幸無敗，譽斯有融，遂忝帝命，復官南宫。皆神所祐，我亦何功？將赴京邑，路沿大江，遣使來辭，神鑒予衷！❷

於朗州別女足娘墓文❸

維長慶元年歲次辛丑十二月癸亥朔十九日辛巳，父舒州刺史翺，以酒果之奠，敬別于第七女足娘子之靈。

---

❶ 此句，《文苑》作「維長慶三年歲次癸卯十月壬子朔二十七日」。

❷ 文末，《文苑》有「尚饗」二字。

❸ 「朗」，原作「湖」，今據《文苑》改。「娘」，原脱，今據《文苑》、《全唐文》補。

吾以前月二十八日蒙恩改舒州刺史，❶以明日將領汝母等水路赴州，故以酒果來與汝別。

嗚呼！我爲汝父，汝則我女，王命有期，不得安處。延陵喪子，葬不歸吴，考之於禮，其合矣夫。汝之形骨，託終此土；汝之精神，冥漠不睹。上及於天，下及於泉，鬼神有知，汝骨安全。永永終古，無有後艱，我來訣別，涕淚漣漣。嗚呼哀哉，尚享！

❶ 「八」，《文苑》作「六」。「改」下，《全唐文》有「授」字。

李文卷第十七

雜著八首

行己箴

人之愛我，我度于義；義則爲朋，否則爲利。人之惡我，我思其由；過寧不改，否又何仇。仇實生怨，利實害德，我如不思，乃陷于惑。内省不足，愧形于顔；中心無他，曷畏多言。❶唯咎在躬，若市于戮；慢誰自它，匪汝之辱。昔者君子，惟禮是持，❷自小及大，曷莫從斯。苟遠于此，其何不爲？事之在人，昧者亦知。遷焉及己，則莫之思。造次不戒，禍焉可期。書之在側，以爲我師。

❶「畏」，原作「長」，今據諸本改。
❷「持」，原作「待」，今據諸本改。

陸傪檻銘❶

晝日居于是，窮性命于是，待賓客交其賢者亦于是，有客曰翺銘于是。

舒州新堂銘

先時寢壞，有隘其廬，乃作斯堂，高嚴旟旟。六桷四楹，❷裝重架虛，欒拱不設，❸簷茥祛祛，麗不越度，儉而有餘；左立嘉亭，繚以環除，延延其深，肆肆其紓。吏事既退，齊心以居，思民之病，擇弊而鉏，弗逸弗墜，謹終猶初。大旱之後，鄰邑成墟，獨我州氓，樂哉胥胥。鬼神所福，事匪在予。丞相以言，❹乃下徵書，復官于朝，以解前疸。❺刻銘於斯，永示群舒。

❶ 底本此篇次序在《舒州新堂銘》之前，目録中題目則居其後。
❷ 「桷」，原作「禰」，今據汲古閣本、《全唐文》改。
❸ 「欒」，日本本劉氏校語作「巒」。
❹ 「以」，《全唐文》作「所」。
❺ 「疸」，原作「疸」，今據諸本改。

泗州開元寺鍾銘并序

維泗州開元寺遭罹水火漂焚之餘，僧澄觀與其徒僧若干，復舊室居，作大鍾。貞元十五年，厥功成，於是隴西李翺書辭以紀之：

八月，梓人功既休，戊寅，大鍾成。先時厥初，罹于天災，波沉火燔，既浮爲薪，既蜚爲塵。澄觀之功，恢復其居，革舊而新，環墉如陵，臺殿斯嚴，乃三其門，俾後勿踰，其徒不譁，咸服其勤，有加于初。屋室既同，乃範乃鎔，乃作大鍾，乃懸于樓。以鼓其時，以警淮夷。非雷非霆，鏗號其聲，淮夷其驚。上天下地，弗震弗墜。大音無斁，千僧勠力。願昭其績，乃銘于石。

江州南湖堤銘并序

長慶二年十二月，江州刺史李君濬之截南陂築堤三千五百尺，高若干尺，廣若干尺，以通四鄉之路，畜水爲湖，人得其贏。❶ 正月既畢事，舒州刺史李翺歌以記之，辭曰：

天地作物，功或不周，賢人相之，智與神侔。漭漭南陂，冬乾夏滮，九江漲潮，潛潛逆流。東南百步，❷

❶ 「贏」，原作「羸」，今據《全唐文》改。
❷ 「步」，原作「民」，今據《全唐文》改。

城市所繇，水積既深，大波其飆。匹尤切。亦有舟航，覆溺之憂，擔擁疊路，車軔其舟。童嬰涕墮，老婦號愁，歷古逮兹，孰爲泯籌？濬之之來，養民如身，乃築長堤，拒江之瀕。厚其錢傭，以飽餓人，南北東西，百里鬬臻。莫不用力，千錘響振，音貞。❶搋歡相勵，不督而勤。堤既成止，岡聯突起，堅若石城，墇爲瀦水。蒲莞茭芡，❷鴻鶬鱧鯉，唯其所取，或食或祀。長堤坦坦，植之楊槐，架豁飛圯，以便去來。除險作利，非賢不能，歌示江人，式悦汝懷。

趙州石橋銘

九津九星横河中，天下有道津梁通，石穹隆兮與天終。

解　江　靈

元和六年八月，余自京還東，暮宿在江，濤水既平，月高極明，萬物潛休，遠無微聲。坐至夜静，❸目亦暝將暝，聞江中有如賈人相與言曰：「與子商遊，十有餘年。不識我愚，託我如親，相得之歡，百賈誰如？

---

❶「貞」，原作「員」，今據四庫本改。

❷「茭」，《全唐文》作「菱」。

❸「坐至夜静目亦暝將暝」，成化本、日本本作「坐久力疲，閉扉將暝」，《全唐文》作「坐久夜静，目亦將暝」。

泰山歸後，前盟頓渝。我實不省，子將何辭？」

對曰：「噫！承子役召，❶子欲代予，力雖不能，志願如初。自昔及兹，未嘗汝薄，利必以告，害斯共度，誓當結固，永守終樂。汝之責人，慘若五刑，小不順汝，亦何足聽？汝心好惡，灼若天星；動比孔丘，其神且明。異汝者斥，諂汝者榮，苟不汝隨，絶如詛盟。人實難知，堯所未易，我雖受責，敢喪前志。薦汝利汝，每憂不暨，終何能成？惟力所至。豈不汝怨，我道無二，曰余虚言，鬼神來棄。汝實異兹，翻然改作，瘡疣生心，洗刮不落。巧避我長，善探我惡，短我如墜，譽我如縛。人或美我，汝閃其目；人或毁我，汝盈其欲。充汝之心，飽汝之腹，雖汝子孫，亦所不足。我實蒙頑，爲汝之辱，動多尤悔，嬴敗不畜。汝既富厚，享天百福，筋骨堅强，婢妾約綽，財貨積委，屋室豐渥。我從此去，非曰道薄，願汝我忘，無盛其毒。」

言未訖，余叱之曰：「人生若流，其可久長？須臾臭死，瞥若電光。用心平虚，天靈所臧，得失是非，其細如芒。奚爲交争？此實不祥。相歡不足，其氣已僵。汝行吾言，可以息兵。」

於是言者歎息吐氣，掩鬱無語。啟户視之，不見其處。

數奇篇

禽滑釐問於子墨子曰：「魯氏有叔姪同處者，叔曰無恒，姪曰數奇。數奇强力能施，儉以厚人，凡魯氏

---

❶「歸後」至「承子」十九字，原脱，今據汲古閣本、四庫本補。

有大事，父叔、兄弟所不能集者，數奇皆盡身以成之；親戚之喪在野者，數奇皆往葬之；姑姊妹之無主失時者，數奇皆取而嫁之；其或不能自存者，數奇買田宅以生養之。凡數奇之禄，朋友故舊，緦麻、小功之親，無不皆周也。仕于齊，積功當遷，辭不受，請以與其叔無恒，無恒因得官。遠近之親莫不歡以賴之，獨無恒以爲不足于己。無恒有妾曰善佞，畜私夫以生子曰不類，數奇愛不類如其子，無恒久乃告數奇，曰：『不類非吾子，他人之子也，汝勿以爲弟。』數奇驚曰：『叔父得無誤乎？』無恒曰：『吾察之詳矣，有驗存焉。』數奇之從父妹笑曰：『孰不知之。雖然，叔父之爲人也無常心，其後必悔，悔則兄受謗爲不仁而棄弟矣，盍請契焉。』數奇以爲然，因質於無恒，無恒遂裂帛具書其然之故，與數奇以爲信。既而數奇仕於蜀，無恒果復以不類爲子，愛之加於初。數奇至，固争之，無恒大怒，告人曰：『帛書非吾意，數奇强我以爲。』無恒惡數奇之不順於己也，毁而敗之，冀有惡名於時；數奇終不怨，其自行如初。敢問爲數奇者，❶宜奈何而可？」

子墨子曰：「數奇挈身而去可也。」

問曰：「姪舍叔而去，義乎？」

子墨子曰：「有大故，雖子去父可也，叔姪何有？古公欲立王季歷，太伯、仲雍知之，遂適吴不反，避嫡以成父志。晉獻公信驪姬之讒，將立奚齊，太子申生不去，終被惡名，雉經以死，且陷其父於惡。公子重耳奔翟逃禍，卒有晉國，霸天下。故重耳爲孝，而申生爲恭。無恒之惡數奇也深矣，不去，後必相殘，陷無恒於

❶「者」，原作「若」，今據汲古閣本、《全唐文》改。

大惡，孰與去而皆全，以追太伯、仲雍、重耳之跡而行乎？ 雖子逃父可也。」

問曰：「數奇可以不去而盡從無恒之所行耶？」

曰：「不可。從道不從父，從義不從君，況叔父乎？ 無恒之所行無恒也，如皆從之，是陷無恒於惡，數奇將何以立？」

禽滑釐以子墨子告於數奇，數奇遂適東夷，東夷之俗大化。

李文卷第十八

雜著八首

來南録

元和三年十月，翺既受嶺南尚書公之命。四年正月己丑，自旌善弟以妻子上船於漕。乙未，去東都，韓退之、石濬川假舟送予。明日，及故洛東吊孟東野，遂以東野行。濬川以妻疾，自漕口先歸。黄昏到景雲山居，詰朝登上方，南望嵩山，題姓名記别；既食，韓、孟别予西歸。戊戌，予病寒，飲葱酒以解表，暮宿于鞏。庚子，出洛下河，止汴梁口，❶遂泛汴流，通河于淮。辛丑，及河陰。乙巳，次汴州，疾又加，召醫察脈，使人入盧又。二月丁未朔，宿陳留。戊申，莊人自盧又來，宿雍丘。乙酉，❷次宋州，疾漸瘳。壬子，至永城。甲寅，至埇口。丙辰，次泗州，見刺史假舟，轉淮上河如揚州。庚申，下汴渠入淮，風帆及盱眙，風逆天黑，色波

❶「梁」，成化本作「渠」。

❷「乙」，依上下文推算，當作「己」。

水激，順潮入新浦。壬戌，至楚州。丁卯，至揚州。戊辰，上棲靈浮圖。辛未，濟大江至潤州。戊寅，❶至常州。壬午，至蘇州。癸未，如虎丘之山，息足千人石，窺劍池，宿望梅樓，❷觀走砌石，將游報恩，水涸舟不通，無馬道，不果遊。乙酉，濟松江。丁亥，官艘隙，水溺舟敗。戊子，至杭州。己丑，如武林之山，即靈隱天竺寺。臨曲波，觀輪轎，登石橋，宿高亭，晨望平湖、孤山、江濤，窮竹道，上新堂，周眺群峰，聽松風，召靈山永吟叫猿，山童學反舌聲。癸巳，駕濤江逆波至富春。丙申，七里灘至睦州。庚子，上楊盈川亭。辛丑，至衢州，以妻疾止行，居開元佛寺臨江亭後。三月丁未朔，翱在衢州。甲子，女某生。四月丙子朔，翱在衢州，與侯高宿石橋。丙戌，去衢州。戊子，自常山上嶺至玉山。庚寅，至信州。甲午，望君陽山，怪峰直聳似華山。❸丙申，上干越亭。己亥，直渡擔石湖。辛丑，至洪州遇嶺南使，游徐孺亭，看荷華。❹五月壬子，至吉州。壬戌，至虔州。己丑，與韓泰安平渡江，游靈應山居。辛未，上大庾嶺。明日，至湞昌。癸酉，上靈屯西嶺，見韶石。甲戌，宿靈鷲山居。六月乙亥朔，至韶州。丙子，至始興公室。戊寅，入東蔭山，看大竹筍如嬰兒；過湞陽峽。己卯，宿清遠峽山。癸未，至廣州。

---

❶「寅」，原作「辰」，今據《全唐文》改。
❷「梅」，《全唐文》作「海」。
❸「華」，原作「葉」，今據諸本改。
❹「華」，原作「葉」，今據成化本改。

自東京至廣州，水道，出衢、信，七千六百里；出上元、西江，七千一百有三十里。自洛川下黄河、汴梁過淮至淮陰，❶一千八百有三十里，順流；自淮陰至邵伯，三百有五十里，逆流；自邵伯至江，九十里；自潤州至杭州，八百里，渠有高下，水皆不流；自杭州至常山，六百九十有五里，逆流，多驚灘，以竹索引船，乃可上。自常山至玉山，八十里，陸道，謂之玉山嶺；自玉山至湖，七百有一十里，順流，謂之高溪；自湖至洪州，一百有一十八里，逆流；自洪州至大庾嶺，一千有八百里，逆流，謂之漳江；自大庾嶺至湞昌，一百有一十里，陸道，謂之大庾嶺；自湞昌至廣州，九百有四十里，順流，謂之湞江，出韶州，謂之韶江。

題桄榔亭

翺與監察御史韋君詞皆自東京如嶺南，水道僅八千里。翺以正月十八日上舟于漕以行，韋君期以二月策馬疾驅，追我于汴宋之郊，或不能及，約自宣城，會我于常州以偕行。既翺停舟宿留，日日以須。韋君之出洛也易期，又宣城謀疾到，逆江南流上。❷翺以妻疾，居信安四十餘日，比及江西，韋君亦前行矣。上桄榔亭，見韋君紀姓名，且有念我之言。嗟夫！皆行八千里，先後之不齊也不過十日，而初謀竟乖。人事之不果，不可以前期也。

---

❶「梁」，成化本作「渠」。

❷「南」，成化本作「而」。

題峽山寺

翺爲兒童時，聞山游者説峽山寺難爲儔，遠地嘗以爲無因能來。及兹獲游，周歷五峰，然後知峽山之名有以然也。

於靈鷲寺時，述諸山居之所長，而未言其所不足。如虎丘之劍池不流，天竺之石橋下無泉，麓山之力不副天奇，靈鷲擁前山不可視遠，峽山亦少平地，泉出山無所潭。乃知物之全能難也，況求友擇人而欲責全耶？

題靈鷲寺

去其所闕，用其所長，則大小之材無遺，致天下於治平也弗難矣。

凡山居，以怪石、奇峰、走泉、深潭、老木、嘉草、新花，視遠爲幽。自江之南而多好山居之所，翺之對者七焉，皆天下山居之尤者也。蘇州有虎丘山，則外惟平地，❶入然後上，高石可居數百人，劍池上峭壁聳立，憑樓檻以遠望。

---

❶「惟」，《全唐文》作「爲」。

五木經元革注

樗蒲五木，玄白判，樗蒲，古戲。其投有五，故自呼爲「五木」，以木爲之，因謂之木。今則以牙角，尚飾也。判，半也。合其五投，並上玄下白，故曰「玄白判」。厥二作雉，雉，鳥也，取二投於白，上刻爲鳥。背雉作牛。其刻其鳥二投背上，並刻牛，故曰背也。以雉犢爲彩者，謂其悍戾，逢敵必鬥以求勝也。雖矢馬關亦皆角逐、防遏之義也。王采四，盧、白、雉、牛；王，貴也。甿采六，開、塞、塔、禿、撅、搗。甿，賤也。其采義未詳。全爲王，駁爲甿。全，謂其不雜也。皆玄曰盧，厥筴十六。盧，黑白色也。《書》曰：「玈弓玈矢。」謂所投盡黑也。十六筴者，行馬時便以此數矢而隔之，他筴仿此。皆白曰白，厥筴八。雉二玄三曰雉，厥筴十四。牛三白三曰犢，厥筴十。雉一牛二白三曰開，厥筴十二。雉如開，如開各一。厥餘皆玄曰塞，厥筴十一。雉白各二、玄一曰塔，厥筴五。牛玄各二、白一曰禿，厥筴四。白三玄二曰撅，厥筴三。白二玄三曰搗，厥筴二。矢百有二十，設關二，間矢爲三。間，別也。刻木爲關，彫餙之，每聚四十矢。馬筴二十，厥色五。大率戲時不過五人。五色者，各辨其所執也。

凡擊馬及王采，皆又投。擊馬，謂打敵人子也。打子得雋，王采自專，故皆許重擲，王采累得累擲之，變則止。馬出初關疊行，謂逢可以疊馬即許疊也。如不要疊，亦得重馬，被打著尤苦。非王采，不出關，不越坑。馬出關亦自專之義也。名爲落坑，義在難出，故用王采，能出也。入坑，有謫。其所罰隨所約並輸合坐。行不擇筴，馬一矢爲坑。謂矢行致馬落坑也。亦有馬皆不可均融數奇而入坑者，所睹隨臨時所約。劉毅家無儋石儲，而一擲百萬也。

韋氏月録序

人之所重者，義與生也。成義者莫如行，存生者在於養。所以爲養者資於用，用足而生不養者多矣，用不足而能養其生者，天下無之。養生之物，禁忌之術，散在雜方，雖有力者欲行之，而患不能備知。杜陵韋行規，博學多藝，能通《易傳》、《論語》、老聃、莊周之書，皆極師法。窮覽百家之方，撮而集之，成兩軸，各附於本月，閲之者簡而詳，以授於余，且曰：「《齊人要術》，❶傳行寡驗。行規集此書，經試驗者，然後摭取，實可以有益於養生者。若執事序而名之，則所謂無翼而能飛者，必傳於天下矣。」余因號之爲《月録》。

何首烏録

僧文象好養生術，元和七年三月十八日，朝茅山，遇老人於華陽洞口，告僧曰：「汝有仙相，吾授汝秘方。有何首烏者，順州南河縣人。祖能嗣，本名田兒，天生閹，嗜酒，年五十八，因醉夜歸，卧野中，及醒，見田中有藤兩本，相遠三尺，苗蔓相交，久乃解，解、合三四，心異之，遂掘根持問村野人，無能名，曝而乾之。有鄉人麦良戲而曰：『汝閹也，汝老無子，此藤異而後以合，其神藥，汝盍餌之？』田兒乃篩末酒服，經七宿，

---

❶「人」，成化本有小字注文：「唐諱民，故曰人。」

忽思人道，累旬力輕健，慾不制，遂娶寡婦曾氏。田兒因常餌之，加湌兩錢，七百餘日，舊疾皆愈，反有少容，遂生男，鄉人異之。十年生數男，俱號爲『藥』。告田兒曰：『此交藤也，服之可壽百六十歲，而古方本草不載。吾傳於師，亦得之於南河，吾服之，遂有子。吾本好静，以此藥害於静，因絶不服。女偶餌之，乃天幸！』因爲田兒盡記其功，而改田兒名能嗣焉。嗣年百六十歲乃卒，男女一十九人。子庭服亦年百六十歲，男女三十人。子首烏服之，年百三十歲，男女二十一人。安期敘交藤云：交藤，味甘，温無毒，主五痔、腰腹中宿疾冷氣，長筋益精，令人多子，能食，益氣力，長膚延年。一名野苗，一名交莖，一名夜合，一名地精，一名桃柳藤。生順州南河縣田中，嶺南諸州往往有之。其苗大如藁，本光澤，❶形如桃柳葉，其背偏獨單，❷皆生不相對。有雌雄，雄者苗色黄白，雌者黄赤，其生相遠，夜則苗蔓交，或隱化不見。春末、夏中、初秋三時，候晴明日，兼雌雄採之，烈日曝乾，散服酒下良。採時盡其根，勿洗，乘潤以布帛拭去泥土，❸勿損皮，密器貯之，每月再曝。凡服，偶日二、四、六、八日是，服訖，以衣覆，❹汗出導引，尤忌豬、羊肉血。」老人言訖，遂別去，其行如疾風。

---

❶「藁本」，原作「木藁」，今據《全唐文》乙正。

❷「背」，原作「皆」，今據《全唐文》改。

❸「乘」，原作「承」，今據《全唐文》改。

❹「覆」，原作「服」，今據汲古閣本、《全唐文》改。

浙東知院殿中孟侍御識何首烏，嘗餌其藥，言其功如所傳。出賓州牛頭山，苗如萆薢，蔓生，根如杯拳，削去黑皮，生啖之，南人因呼爲「何首烏」焉。元和八年八月録。

戲贈詩

縣君好埤渠，❶繞水恣行遊。鄙性樂疏野，❷鑿地便成溝。兩岸植芳草，中央漾清流。❸所尚既不同，埤鑿各自修。從他後人見，境趣誰爲幽。❹

❶「好」，《唐詩紀事》卷三五、《中山詩話》作「愛」。
❷「疏」，《唐詩紀事》卷三五、《中山詩話》作「山」。
❸「央」，《唐詩紀事》卷三五、《中山詩話》作「間」。
❹「境」，《唐詩紀事》卷三五、《中山詩話》作「景」。

書李翺後❶

予爲西京留守推官，得此書於魏君，書伍拾篇。予嘗讀韓文，所作《哀歐陽詹》文云：詹之事既有李翺作傳。而此書亡之，惜其遺闕者多矣。

景祐三年十月十七日歐陽脩跋。

❶ 歐陽脩《居士外集》卷二十三所收此跋題作「書李翺集後」。

識語

宋歐陽文忠公稱唐文之善，則曰「韓李」。韓之文傳布世間者，不啻家傳人誦，李文則落落然，而後學有終身不得見焉者，兹非一大欠事與？暇日於寅友陳君緝熙所，獲睹是編，遂躬鈔録，以備一家之言云。

景泰乙亥四月之吉河東邢讓識。

《儒藏》精華編選刊

已出書目

白虎通德論
誠齋集
春秋本義
春秋集傳大全
春秋左氏傳賈服注輯述
春秋左氏傳舊注疏證
春秋左傳讀
道南源委
桴亭先生文集
復初齋文集
廣雅疏證
龜山先生語録
郭店楚墓竹簡十二種校釋
國語正義
涇野先生文集
康齋先生文集
孔子家語　曾子注釋
論語全解
毛詩後箋
毛詩稽古編
孟子正義
孟子注疏
閩中理學淵源考
木鐘集
群經平議
三魚堂文集　外集

上海博物館藏楚竹書十九種校釋
尚書集注音疏
尚書全解
詩本義
詩經世本古義
詩毛氏傳疏
詩三家義集疏
書疑　東坡書傳　尚書表注
書傳大全
四書集編
四書蒙引
四書纂疏
宋名臣言行録
孫明復先生小集　春秋尊王發微
文定集

五峰集　胡子知言
小學集註
孝經注解　温公易説　司馬氏書儀　家範
�經室集
伊川擊壤集
儀禮圖
儀禮章句
易漢學
游定夫先生集
御選明臣奏議
周易口義　洪範口義
周易姚氏學